10대를 위한

읽다 보면
똑똑해지는
고사성어
134

10대를 위한

읽다 보면
똑똑해지는
고사성어
134

김한수 지음

 고사성어(故事成語)와 사자성어(四字成語)의 차이점은 고사성어는 그 성어가 나오게 된 유래가 반드시 있으며, 그것이 오랜 세월을 거치는 동안 우리 생활에 자연스럽게 자리 잡힌 한자 성어를 말한다. 그것이 4자(四字)로 구성되어 있으면 사자성어가 되는 것이다.

 이 책은 초·중·고등학교 교과서와 문학작품에서 출제되는 고사성어와 사자성어를 선별하여 수능, 논술, 면접을 대비하는 학생과 수험생까지 선택적 학습을 할 수 있도록 배려하였다.

 시험에 잘 출제되는 성어(成語)를 선별하여 성어의 배경이 된 내용과 각 한자의 겉뜻 순서와 함께 속뜻을 명시함으로써 혼자서도 쉽게 해석할 수 있도록 하였다. 또한 한자의 형성과정을 정리해 한자의 형성과정을 알면 어휘와 문해력 향상에 도움이 될 수 있도록 정리하였다.

 아무쪼록 이 책을 보는 초·중·고 학생 모두가, 읽으면 똑똑해지는 고사성어를 통해 한자 지식을 넓히는 것은 물론이고 인생의 지혜를 깨우쳐서, 일상생활에서도 차원 높고 풍부한 어휘를 구사하여 삶의 질을 높일 수 있는 계기가 되었으면 한다.

『읽다 보면 똑똑해지는 고사성어 134』는 이렇게 만들었다.

● 교과서와 문학작품 중, 수능과 학교 시험에 자주 출제되는 134개의 고사성어를 선별하여 수록했다.

● 고사성어와 사자성어를 읽다 보면 쉽게 이해할 수 있도록 성어의 겉 뜻풀이 순서와 함께, 속뜻을 명시함으로써 혼자서도 쉽게 해석하고 이해할 수 있도록 하였다.

● 고사성어와 사자성어의 역사적 배경과 유래를 함께 학습할 수 있도록 정리하였으며, 현재 어떤 상황에서 의미 있게 표현되는지를 설명함으로써 이해력을 높이도록 하였다.

● 고사성어의 한자 형성과정을 이해할 수 있도록 정리하여, 뜻을 쉽게 해석할 수 있도록 하였으며, 어휘력과 문해력 향상에 도움을 줄 수 있도록 정리하였다.

● 한자 성어의 속뜻을 이해시키고 응용함으로써, 고사성어와 사자성어를 실생활에 어떻게 쓰이고 있는지를 예문을 통해 표현할 수 있도록 배려하였다.

148	삼인성호	三人成虎	세[三] 사람[人]이 호랑이[虎]를 만듦[成]
150	삼천지교	三遷之教	세 번[三] 옮겨[遷][之] 교육함[教]
152	상전벽해	桑田碧海	뽕나무[桑] 밭[田]이 푸른[碧] 바다[海]가 됨
154	새옹지마	塞翁之馬	변방[塞] 늙은이[翁]의 말[馬]
156	수구초심	首丘初心	언덕[丘]에 머리[首]를 두고 초심[初][心]으로 돌아간다
158	수석침류	漱石枕流	돌[石]로 양치질[漱]하고 흐르는[流] 물을 베개[枕] 삼다
160	수어지교	水魚之交	물[水]과 물고기[魚]의[之] 사귐[交]
162	수주대토	守株待兔	그루터기[株]에 머물며[守] 토끼[兔]를 기다림[待]
164	순망치한	脣亡齒寒	입술[脣]이 없으면[亡] 이[齒]가 시림[寒]
166	안빈낙도	安貧樂道	가난[貧]함을 편안히[安] 여기고 도[道]를 지키며 즐김[樂]
168	앙천대소	仰天大笑	하늘[天]을 쳐다보며[仰] 크게[大] 웃음[笑]
170	양두구육	羊頭狗肉	양[羊] 머리[頭]에 개[狗]의 고기[肉]
172	양상군자	梁上君子	대들보[梁] 위[上]의 군자[君][子]
174	양약고구	良藥苦口	좋은[良] 약은[藥] 입에[口] 쓰다[苦]
176	어부지리	漁夫之利	어부[漁][夫]의[之] 이익[利]
178	연목구어	緣木求魚	나무[木]에 올라[緣] 물고기[魚]를 구함[求]
180	오리무중	伍里霧中	다섯[伍] 리[里]나 되는 안개[霧] 속[中]
182	오월동주	嗚越同舟	오나라[嗚] 월나라[越] 사람이 한[同] 배[舟]를 탄 형국
184	오합지졸	烏合之卒	까마귀[烏]를 모아놓은[合]의[之] 무리[卒]
186	옥상가옥	屋上架屋	지붕[屋] 위[上]에 지붕을 거듭 얹음[架][屋]
188	온고지신	溫故知新	옛것[故]을 익히어[溫] 새것[新]을 앎[知]
190	와신상담	臥薪嘗膽	섶나무[薪] 위에 눕고[臥] 쓸개[膽]를 맛봄[嘗]
192	요산요수	樂山樂水	산[山]을 좋아[樂]하고 물[水]을 좋아[樂]함

가인박명
佳人薄命

아름다운[佳] 사람[人]은 명[命]이 박함[薄]

송대의 문인 소동파(蘇東坡)가 항주, 양주 등 지방으로 유배를 가 있을 때, 우연히 절간에서 나이 삼십이 넘었다는 어여쁜 여승을 보고, 그녀의 아리따웠을 소녀 시절을 생각하며 미인의 운수가 기박함을 읊은 시가 있다.

두 볼은 엉긴 우유와 같고 머리는 옻칠한 듯 새까맣고
눈빛이 발에 들어오니 주옥과 같이 빛난다.
본디 흰 비단으로써 선녀의 옷을 지으니,
입술연지는 천연의 바탕을 더럽힌다고 하여 바르지 않았네.
오나라 사투리의 애교 있는 소리는 어린아이처럼 앳되고,
무한한 사이의 근심 다 알 수 없네.
예로부터 아름다운 여인 운명 기박함이 많으니,
문을 닫고 봄이 다하니 버들꽃 떨어지네.

'가인박명'은 아름다운 사람은 운명이 기박하다는 뜻으로, 겉으로는 화려하고 아름다워 보이지만, 실제 삶은 고통스럽거나 불행할 수 있다는 의미를 내포하고 있다.

현대 사회에서는 여성에 대한 인식이 많이 개선되었지만, 여전히 가인박명과 같은 말은 아름다운 외모에 대한 사회적 편견과 차별의 잔재를 보여 주는 표현으로 여겨지기도 한다.

佳人薄命 여자의 용모가 아름다우면 운명이 기박하다는 말

佳 : 아름다울 가, 8획 ──────────────── 부수 : 亻

人(사람 인)과 圭(홀 규)가 합하여 이루어진 모습이다. 천자가 제후를 봉할 때 하사하던 긴 막대 모양의 증표를 그린 것으로 '아름답다', '좋다', '훌륭하다'라는 뜻을 가진 글자이다.

人 : 사람 인, 2획 ──────────────── 부수 : 人

팔을 지긋이 내리고 있는 사람을 본뜬 것으로 '사람'이나 '인간'이라는 뜻을 가진 글자이다. 人(인)이 부수로 쓰일 때는 주로 사람의 행동이나 신체의 모습, 성품과 관련된 의미를 전달하게 된다.

薄 : 엷을 박, 17획 ──────────────── 부수 : 艹

艹(풀 초)와 溥(넓을 부)가 합하여 이루어진 모습으로, 풀이 아주 작고 얇아 물에 뜰 정도라는 의미에서 '엷다'나 '얇다', '야박하다'라는 뜻을 가진 글자이다.

命 : 목숨 명, 8획 ──────────────── 부수 : 口

亼(삼합 집)과 口(입 구), 卩(병부 절)이 합하여 이루어진 모습으로, 왕이 명령을 입으로 한다는 것에서 '목숨'이나 '명령'이라는 뜻을 가진 글자가 되었다.

"그 배우는 '가인박명'이란 말이 딱 어울릴 정도로 화려한 외모와 달리 개인적인 삶은 매우 힘들었다."

각주구검
刻舟求劍

배[舟]에 새겨[刻] 잃어버린 검[劍]을 구함[求]

춘추전국시대 초나라의 한 젊은 무사가 양자강(揚子江)을 건너려고 나룻배를 탔다. 배를 타고 강의 중반쯤 갔을까? 무사는 실수로 그만 자신이 가장 아끼는 보검을 강물에 빠트리고 말았다. 그런데 강물에 가라앉는 보검을 보며 당황하는 것 같던 무사는 이내 태연함을 되찾고 단검을 뽑아 자기가 앉은 뱃전에 표시하는 것이 아닌가?

이를 본 뱃사공은 의아하게 생각하며 물었다.

"보검이 물에 빠졌는데 지금 무엇 하시는 겁니까?"

무사는 "보검을 빠트린 곳을 잊어버릴까 표시를 해두는 것이오."라고 말했다.

배가 반대편 무렵에 다다르자, 무사는 자신의 표시해 놓은 자리의 물속으로 잠수해 보검을 찾기 시작했으나 헛수고였다.

'각주구검'은 오늘날에도 흔히 사용되는 고사성어로, 새로운 상황에 맞지 않는 낡은 방법을 고집하거나, 고정관념에 사로잡혀 새로운 것을 배우려 하지 않는 사람에게 비유적으로 사용한다.

刻舟求劍 현실에 맞지 않는 낡은 생각을 고집하는 어리석음

刻 : 새길 각, 8획 ──────────────────────── 부수 : 刂
亥(돼지 해)와 刀(칼 도)가 합하여 이루어진 모습으로, 새기다'나 '벗기다', '깎다'라는 뜻
을 가진 글자이다.

舟 : 배 주, 6획 ──────────────────────── 부수 : 舟
1~2명만 탑승할 수 있는 조그만 배를 그린 모습으로, '배'나 '선박'이라는 뜻을 가진 글
자이다.

求 : 구할 구, 7획 ──────────────────────── 부수 : 氺
氺(물 수)와 一(한 일), 丶(점 주)가 합하여 이루어진 모습으로, '구하다', '탐하다'라는 뜻
을 가진 글자이다. 가죽으로 만든 털옷은 추운 겨울을 이겨낼 수 있는 옷이었지만 쉽게
구하지도 못하여 털옷을 구하거나 원한다는 뜻이다.

劍 : 칼 검, 15획 ──────────────────────── 부수 : 刂
僉(다 첨)과 刀(칼 도)가 합하여 이루어진 모습으로, 칼'이나 '베다'라는 뜻을 가진 글자이
다. 劍(검)은 양날의 다소 큰 칼이고, 刀(도)는 한쪽 날의 작은 칼을 의미한다.

각주구검 이렇게 표현하자

"정부도 이런 시류의 변화를 직시하고 '각주구검'의 낡은 사고방식을 버리고 유
연한 정책을 택해야 한다."

15

간담상조
肝膽相照

간[肝]과 쓸개[膽]를 서로[相] 비추다[照]

당나라의 유종원이 유주자사(柳州刺史)로 임명되었을 때, 중산 사람 유몽득도 파주 자사에 임명될 것이라는 소문이 돌았다. 유종원이 울면서 말했다.

"파주는 변방이네. 결코 자네 같은 이가 갈만한 곳이 아니네. 더구나 자네는 어머니를 모시고 있는데 어찌 이 사실을 말씀드릴 수 있겠는가. 차라리 자네 대신 내가 파주로 가겠네."

"그게 정말인가?"

한유는 친구의 우정에 깊이 감동하여 훗날 유자후 묘지명(柳子厚墓誌銘)에 다음과 같은 글을 썼다.

"사람이란 어려운 일을 당했을 때 진정한 절의를 알 수 있다. 평소에는 서로 그리워하고 즐거워하며 사양하면서 간이나 쓸개도 드러내 보이고, 하늘을 가리키며 배신 않겠다고 맹세하지만 일단 이해관계가 생기면 언제 그랬느냐 싶게 거들떠보지도 않는다. 수렁에 빠진 사람을 구하기보다는 오히려 함정에 몰아넣고 돌을 던지기까지 하는 사람이 그 얼마나 많은가."

한유는 그들의 우정을 크고 깊게 칭송하였다.

'간담상조'는 단순히 서로 친밀한 관계를 의미하는 것이 아니라, 서로를 깊이 이해하고 존중하며, 어려움에 처했을 때 서로 도와주고 격려하는 진정한 우정을 뜻한다.

肝膽相照 서로 속마음을 터놓고 가까이 사귐

肝 : 간 간, 7획 ——————————————————— 부수 : 月

月(육달 월)과 干(방패 간)이 합하여 이루어진 모습으로, 방어 역할을 하는 기관이라는 의미에서 '간'이나 '진심'이라는 뜻을 가진 글자이다.

膽 : 쓸개 담, 17획 ——————————————————— 부수 : 月

月(육달 월)과 음을 나타내는 詹(담)이 합하여 이루어진 모습으로 '쓸개' 또는 '담력'이라는 뜻을 가진 글자이다.

相 : 서로 상, 볼 상, 빌 양, 9획 ————————————— 부수 : 目

木(나무 목)과 目(눈 목)이 합하여 이루어진 모습으로, '서로'나 '모양', '가리다'라는 뜻을 가진 글자이다. 나무에 올라가서 눈으로 먼 곳을 본다는 의미에서 '보다'는 뜻이 생성되었으며, 후에 함께 본다는 것에서 '서로'와 보고 돕는다는 것에서 '돕다'라는 뜻을 가지게 되었다.

照 : 비출 조, 비칠 조, 13획 ——————————————— 부수 : 灬

火(불 화)와 昭(밝을 소)가 합하여 이루어진 모습으로, '비추다', '밝다'라는 뜻을 가진 글자이다.

간담상조 이렇게 표현하자

"우리가 서로 '간담상조'하며 친밀하게 지내는 동안, 진정한 친구라는 것을 알게 되었다."

개과천선

改過遷善

잘못[過]을 고쳐[改] 선[善]으로 옮겨[遷] 가다

진(晉)나라 혜제 때 양흠 지방에 주처(周處)라는 이가 있었다. 그의 부친이 동오의 파양 태수를 지낼 무렵에는 성격이 원만했으나, 부모님의 사후 혈혈단신이 되자 성격 역시 거칠어졌다. 남달리 강한 힘과 무기를 다루는 방법에 뛰어난 그는 누구도 손을 댈 수 없는 불량배로 성장했다.

그러던 어느 날 자신의 허물을 깨닫고 새사람이 되겠다는 생각을 갖게 되었다. 그런데도 마을 사람들이 불안스럽게 생각하자 이유를 물었다. 그들은 세 가지 해로운 것을 꼽았다.

첫째는 근처 남산에 있는 사나운 호랑이요,

둘째는 장교(長橋) 아래에 있는 교룡,

셋째는 부랑아 주처였다.

주처는 자신이 이 모든 문제를 해결해야겠다고 다짐했다. 며칠 후 남산에 올라가 호랑이를 없애고, 장교 아래로 뛰어들어 교룡과 사흘 밤낮을 싸웠다. 주처와 교룡이 함께 죽은 것으로 알고 마을 사람들의 환성을 질렀으나 주처가 천신만고 끝에 살아나 그들 앞에 나타나자 마을 사람들의 눈빛은 다시 차가워졌다.

'개과천선'은 지난 잘못을 반성하고 고쳐서, 앞으로는 올바른 삶을 살겠다는 강한 의지의 표현으로 사용되고 있다.

改過遷善 지나간 허물을 뉘우치고 새롭게 착한 사람이 된다.

改 : 고칠 개, 7획 ──────────────── 부수 : 攵

己(자기 기)와 攵(칠 복)이 합하여 이루어진 모습으로, '고치다'나 '바꾸다'라는 뜻을 가진 글자이다. 회초리로 어린아이를 훈육하여 잘못을 바로잡는다는 의미에서 만들어졌다.

過 : 지날 과, 허물 과, 재앙, 화, 13획 ──────────── 부수 : 辶

辶(쉬엄쉬엄 갈 착)과 咼(가를 과)가 합하여 이루어진 모습으로, '지나다', '경과하다', '지나치다'라는 뜻을 가진 글자이다.

遷 : 옮길 천, 15획 ──────────────── 부수 : 辶

辶(쉬엄쉬엄 갈 착)과 䙴(옮길 천)이 합하여 이루어진 모습으로, 옮기다'나 '떠나가다'라는 뜻을 가진 글자이다.

善 : 착할 선, 좋게 여길 선, 12획 ──────────── 부수 : 口

口(입 구)와 羊(양 양), 丷(초두머리 초)가 합하여 이루어진 모습으로, 선한 사람을 일컬어 사슴 같은 눈망울을 가졌다고 의미에서 '착하다', '사이좋다'라는 뜻을 가지게 되었다.

개과천선 이렇게 표현하자

"그는 예전에 악독한 범죄를 저지른 사람이었는데 지금은 봉사 활동을 하며 '개과천선'의 길을 걷고 있다."

19

개관사정
蓋棺事定

관[棺]을 덮고[蓋] 일[事]을 바로[定]잡다

두보(杜甫)는 지금의 호북성 출신으로 진(秦)의 두예(杜五)의 현손이다. 처음엔 과거에 불합격했으나 천보 11년 삼대예부(三大禮賦)를 올려 현종의 눈에 들었는데, 벼슬살이도 그에게는 즐거움을 주지 못하여 낙백한 채 사천성 동쪽의 기주에 들어와 살았다. 이곳에서 친구의 아들 소혜(蘇徯)에게 편지를 대신하여, 한 편의 시를 주었는데 거기에 실린 내용이다.

장부는 관을 덮어야 비로소 결정되거늘
그대는 아직 늙지 않았음이 다행이라
어찌 원망하리 외로이 산속에 있는 것을
벼락과 도깨비와 미친 바람이 있으니 살 곳이 못 된다.

시의 앞 절을 살펴보면 길가에 버려진 하찮은 못이나 오동나무도 백년 뒤에 값비싼 거문고 재료로 쓰이는 것이니 산중에서 젊을 때를 초췌하게 산다고 하여 젊은이는 낙심할 이유가 없다는 것이다. 이후 소혜는 호남 땅으로 막객(幕客)이 되어 떠나갔다.

'개관사정'은 오늘날에도 사람을 평가하는 데 있어 중요한 기준으로 여겨지고 있다. 다른 사람을 겉모습이나 편견으로 판단하기보다는 그 사람의 삶과 행동을 통해 판단해야 한다는 교훈을 주고 있다.

蓋棺事定 사람은 죽고 난 뒤에야 정당한 평가를 할 수 있다.

蓋 : 덮을 개, 13획 ──────────────────── 부수 : ⺿
⺿(풀 초)와 盍(덮을 합)이 합하여 이루어진 모습으로, '덮다'나 '뚜껑'이라는 뜻을 가진
글자이다.

棺 : 널 관, 12획 ──────────────────── 부수 : 木
뜻을 나타내는 木(나무 목)과 음을 나타내는 글자 官(관)이 결합하여 이루어진 글자이다.

事 : 일 사, 8획 ──────────────────── 부수 : 亅
旨(뜻 지)와 ヨ(붓 사)가 합하여 이루어진 모습으로, 정부 관료인 '사관'을 의미하여, '일'
이나, '직업', '섬기다'라는 뜻을 가진 글자가 되었다.

定 : 정할 정, 8획 ──────────────────── 부수 : 宀
宀(집 면)과 正(바를 정)이 합하여 이루어진 모습으로, '정하다'나 '안정시키다'라는 뜻을
가진 글자이다.

"어릴 때 잘못된 길을 걸었지만, 지금은 회개하고 올바른 삶을 살고 있는 그는 진
정한 '개관사정'을 보여 주는 사람이다."

건곤일척
乾坤一擲

하늘[乾]과 땅[坤]을 두고 한번[一] 던지다[擲]

초나라 항우(劉邦)와 한나라 유방(劉邦)은 대군을 거느리고 대치하고 있었다. 항우와 유방은 승부가 쉽게 날 것 같지 않아 휴전하고자 했다. 그러나 유방의 참모였던 장량(張良)과 진평(陳平)은 유방에게 다음과 같이 진언했다.

심사숙고한 유방은 마지막 승부수를 띄울 것을 결심하고 항우의 뒤를 추격했다. 결국, 다음 해에 초나라 군사는 해하 전투에서 패하고 유방은 승리했다. 항우는 오강으로 달아나 그곳에서 자결했고, 이로써 유방은 중국의 두 번째 통일 국가인 한나라 황제가 된다.

당나라의 시인 한유(韓愈)는 이때의 싸움을 '천하를 건 도박'으로 표현하며 『과홍구(過鴻溝)』라는 고시를 썼다.

"용은 지치고 범은 곤하여 천원(川原)을 나누니
천하의 백성이 목숨을 보전하였네.
누가 군왕으로 하여금 말머리를 돌리게 하여
하늘과 땅을 건 도박을 벌였는가?"

'건곤일척'은 중요한 결정을 내릴 때나 위험한 도전을 할 때 자주 사용되는 표현으로, 어려움에도 굴하지 않고 목표를 향해 사생결단의 정신을 기억하면서 최선을 다해야 한다.

乾坤一擲 사생결단의 각오로 최후의 한판 대결을 벌임.

乾 : 하늘 건, 11획 ──────────────────────── 부수 : 乙

倝(햇빛 빛날 간)과 乙(새 을)이 합하여 이루어진 모습이며, '하늘'이나 '마르다'라는 뜻을 가진 글자이다.

坤 : 땅 곤, 8획 ──────────────────────── 부수 : 土

土(흙 토)와 申(펼 신)이 합하여 이루어진 모습이며, '땅'이나 '괘(卦)'를 뜻하는 글자이다. 申(신)은 번개가 내려치는 모습을 그린 것으로 '펴다'라는 뜻이 있다.

一 : 한 일, 1획 ──────────────────────── 부수 : 一

'하나'나 '첫째', '오로지'라는 뜻을 가진 글자이다. 一(일)은 막대기를 옆으로 눕혀놓은 모습을 그린 것이다.

擲 : 던질 척, 18획 ──────────────────────── 부수 : 扌

扌(재방 변)과 鄭(정나라 정)이 합하여 이루어진 모습으로, '던지다', '내버리다'라는 뜻을 가진 글자이다.

건곤일척 이렇게 표현하자

"월드컵 예선에서 패배하면 본전 진출이 어렵기 때문에 선수들은 '건곤일척'의 의지로 경기에 임했다."

격물치지
格物致知

사물[物]에 나아가[格] 앎[知]에 이르다[致]

주자(朱子)는 '격물'에 대해 이렇게 말한다.

"세상 만물은 나름의 이치를 가지고 있다. 그 이치를 하나씩 추구해 들어가면 마침내 세상 만물의 표리와 정조를 밝혀낼 수 있다. '격(格)'이라는 것은 도달한다는 것이니, '격물'은 사물에 도달한다는 의미다."

주자는 '치지'에 대해 다음과 같이 덧붙인다.

"이것은 만물이 지닌 이치를 추구하는 궁리와 같은 의미다. 세상 사물에 이르고 그 이치의 추궁으로부터 지식을 쌓아 올려 앎[知]을 지극히 한다[致]는 것이다.

'격물치지'는 학문의 근본정신과 진정한 지식을 얻는 방법을 제시한다. 단순히 책을 읽거나 지식을 암기하는 것만으로는 지식을 얻을 수 없으며, 직접 사물을 관찰하고 연구하며, 끊임없이 노력하고 학습해야만 진정한 지식을 얻을 수 있다는 교훈을 주고 있다.

格物致知 모든 사물의 이치를 끝까지 파고들어 앎에 이르다.

格 : 바로잡을 격, 10획 ────────────────────── 부수 : 木

木(나무 목), 各(각각 각)이 합하여 이루어진 모습으로, '격식'이나 '바로 잡다'라는 뜻을
가진 글자이다.

物 : 만물 물, 8획 ────────────────────── 부수 : 牛

牛(소 우)와 勿(말 물)이 합하여 이루어진 모습으로, '물건'이나 '사물'이라는 뜻을 가진
글자이다.

致 : 이룰 치, 10획 ────────────────────── 부수 : 至

至(이를 지)와 攵(칠 복)이 합하여 이루어진 모습이며, '이르다'나 '보내다'라는 뜻을 가진
글자이다.

知 : 알 지, 8획 ────────────────────── 부수 : 矢

矢(화살 시)와 口(입 구)가 합하여 이루어진 모습이며, '알다'나 '나타내다'라는 뜻을 가진
글자이다.

격물치지 이렇게 표현하자

"성공한 사람들의 사례를 보면, 지속적으로 자신의 삶을 반성하고 '격물치지'를
실천하는 모습을 볼 수 있다."

견토지쟁
犬兔之爭

개[犬]와 토끼[兔]의[之] 싸움[爭]

전국시대, 제(齊)나라 왕에게 중용(重用)된 순우곤(淳于髡)은 원래 해학과 능란한 말솜씨가 뛰어난 사람이었다.

제나라 왕이 위나라를 공격하려 하자, 순우곤은 왕을 설득하기 위해 다음과 같은 이야기를 들려주었다.

"한자로(韓子盧)라는 매우 발 빠른 명견(名犬)이 동곽준(東郭逡)이라는 재빠른 토끼를 뒤쫓았사옵니다. 그들은 수십 리에 이르는 산기슭을 세 바퀴나 돈 다음 가파른 산꼭대기까지 다섯 번이나 올라갔다 내려왔사온데, 그러는 바람에 개도 토끼도 지쳐 쓰러져 죽고 말았나이다. 이때 그것을 발견한 농부는 힘들이지 않고 횡재하였나이다. 지금 제나라와 위나라는 오랫동안 대치하는 바람에 군사도 백성도 지치고 쇠약하여 사기가 말이 아니온 데, 서쪽의 진(秦)나라와 남쪽의 초(楚)나라가 이를 기회로 '전부지공(田夫之功 : 힘들이지 않고 이득을 보는 것)'을 거두려 하지 않을는지 그게 걱정이옵니다."

순우곤은 이 이야기를 통해 두 나라가 전쟁하다가 서로 피해를 입고, 제삼자가 이득을 취하는 것은 어리석은 일임을 왕에게 설득하였으며, 이 말을 들은 왕은 위나라를 칠 생각을 깨끗이 버리고 오로지 부국강병(富國强兵)에만 힘썼다.

犬兔之爭 쓸데없는 다툼으로 제삼자가 이익을 봄

犬 : 개 견, 4획 ──────────────── 부수 : 犬

'개'라는 뜻을 가진 글자로 갑골문자를 보면 마치 재롱을 피우듯이 꼬리를 추어올린 개가 그려져 있다.

兔 : 토끼 토, 8획 ──────────────── 부수 : 儿

본래 긴 귀와 짧은 꼬리를 가진 토끼가 쭈그리고 앉아 있는 모양을 본뜬 것이었으나, 지금의 자형(字形)으로 변했다.

之 : 갈 지, 4획 ──────────────── 부수 : 丿

갑골문자를 보면 발을 뜻하는 止(발 지)가 그려져 있는데 사람의 발을 그린 것으로 '가다'나 '~의', '~에'와 같은 뜻으로 쓰이는 글자이다.

爭 : 다툴 쟁, 8획 ──────────────── 부수 : 爫

爪(손톱 조)와 又(또 우), 亅(갈고리 궐)이 합하여 이루어진 모습으로, 무언가를 놓고 서로 다툰다는 의미에서 '다투다', '경쟁하다'라는 뜻을 가지게 되었다.

견토지쟁 이렇게 표현하자

"두 학생이 1등을 놓고 경쟁하다가 서로 실수하면서, '견토지쟁'으로 평소에 눈에 띄지 않던 학생이 1등을 차지했다."

결초보은
結草報恩

풀[草]을 엮어[結] 은혜[恩]에 보답[報]한다

춘추시대에 진(晉)나라의 위무자(魏武子)에게는 젊은 첩이 있었는데 그가 병에 걸려 드러눕자 본처의 아들인 위과(魏顆)를 불러 당부했다.

"첩이 아직 젊으니 만약 내가 죽거든 다른 곳으로 시집보내거라."

그러나 날이 갈수록 병이 깊어지자 위무자의 유언이 바뀌었다. 자신이 죽으면 첩을 자신과 같이 묻어달라고 유언을 번복한 것이다. 그러나 위무자가 죽은 뒤 태자는 첩을 다시 시집보내 죽음을 면하게 했다. 정신이 혼미했을 때의 유언은 소용이 없다고 판단한 것이었다. 그 후 태자 위과는 전쟁에 나갔고 진(秦)의 두회(杜回)와 싸우다가 쫓겨 위태로운 상황이 되었다. 그런데 홀연히 어떤 노인이 나타나더니 풀을 묶어 두회가 탄 말을 넘어지게 했고, 위과는 그를 사로잡아 전공을 세웠다.

그날 밤 위과의 꿈에 풀을 묶던 백발노인이 공손히 절하며 나타나 말을 했다.

"나는 첩의 아비가 되는 사람이오. 내 딸을 살려주어 그 은혜를 갚고자 두회의 발 앞의 풀을 엮어 넘어지게 하였소이다."

이 이야기는 은혜를 잊지 않고 감사하는 마음으로 보답해야 한다는 '결초보은'의 교훈을 담고 있다.

結草報恩 죽어서도 은혜를 잊지 않고 갚음

結 : 맺을 결, 12획 ———————————————————————————— 부수 : 糸

糸(가는 실 사)와 吉(길할 길)이 합하여 이루어진 모습으로, '맺다', '모으다', '묶다'라는
뜻을 가진 글자이다.

草 : 풀 초, 10획 ———————————————————————————— 부수 : 艹

艹(풀 초)와 早(일찍 조)가 합하여 이루어진 모습으로, '풀'이나 '황야', '초고'라는 뜻을
가진 글자이다.

報 : 갚을 보, 12획 ——————————————————————————— 부수 : 土

執(잡을 집)과 又(또 우)가 합하여 이루어진 모습으로, '갚다', '판가름하다'라는 뜻을 가
진 글자이다.

恩 : 은혜 은, 10획 ——————————————————————————— 부수 : 心

因(인할 인)과 心(마음 심)이 합하여 이루어진 모습으로, '은혜', '온정'이라는 뜻을 가진
글자이다.

결초보은 이렇게 표현하자

"그는 '결초보은'의 뜻을 이해하고, 도움을 준 사람에게 항상 감사의 마음을 전했
다."

경국지색
傾國之色

나라[國]를 기울게[傾] 하는[之] 미색[色]

　한나라 무제(武帝) 때 음악을 관장하는 벼슬에 이연년(李延年)이라는 사람이 있었다. 그는 노래와 작곡에 뛰어난 재능이 있었는데 어느 날 궁중 악사들이 모인 자리에서 곡조에 맞춰 노래를 불렀다.

　　북쪽에 아름다운 여인이 있어 세상을 벗어나 홀로 서 있네.
　　한번 돌아보면 성이 기울고 두 번 돌아보면 나라를 위태롭게 하네.
　　어찌 성이 기울고 나라가 위태로워지는 것을 모르겠는가.
　　아름다운 여인은 두 번 다시 얻기 어렵다네.

　성을 잃고 나라가 기우는 것은 큰일이지만 장부로서 미인을 얻는 것이라면 그만한 일쯤은 각오해야 한다는 내용이었다. 노래를 들은 무제는 여인이 누구인지 궁금해하였고 이연년은 자신의 누이라고 말한다. 무제는 이 여인을 불러들이게 하였고 그녀의 아름다운 모습과 춤추는 솜씨에 매료되었다. 이 여인이 바로 무제의 총애를 한 몸에 받은 이 부인이다. 황제의 사랑을 얻은 이 부인은 아들을 낳았으나, 워낙 허약한 탓에, 아들을 낳은 후 산후조리가 잘못되어 목숨을 잃었다. 황제는 장안 근교에 무덤을 만들어 영릉(英陵)이라 하였다.
　'경국지색'은 여성의 뛰어난 아름다움을 극찬하는 말로, 그 아름다움이 너무나 강렬하여 나라를 뒤흔들 수 있을 정도라는 의미를 담고 있다.

傾國之色 나라가 위태로울 정도로 아름다운 용모

傾 : 기울 경, 13획 ——————————————— 부수 : 亻

人(사람 인)과 頃(잠깐 경)이 합하여 이루어진 모습으로, '기울다', '바르지 않다'라는 뜻을 가진 글자이다.

國 : 나라 국, 11획 ——————————————— 부수 : 口

口(에운담 위)와 或(혹 혹)이 합하여 이루어진 모습으로, 或(혹)은 창을 들고 성벽을 경비하는 모습을 그린 것이다. '나라', '국가'라는 뜻을 가진 글자이다.

之 : 갈 지, 4획 ——————————————— 부수 : 丿

갑골문자를 보면 발을 뜻하는 止(발 지)가 그려져 있는데 사람의 발을 그린 것으로 '가다'나 '~의', '~에'와 같은 뜻으로 쓰이는 글자이다.

色 : 빛 색, 6획 ——————————————— 부수 : 色

⺈(칼도 도)와 巴(꼬리 파)가 합하여 이루어진 모습으로, '색채', '얼굴빛', '정욕'이라는 뜻을 가진 글자이다. 무릎을 꿇은 사람(巴) 위에 또 사람을 더해 남녀 사이의 정을 의미하는 '색정'을 뜻하며, 후에 얼굴색으로 인해 '색깔'의 의미로 파생되었다.

경국지색 이렇게 표현하자

"그녀는 가히 '경국지색'이라 할 만한 미모와 학식을 가지고 있었다."

계구무후
鷄口牛後

닭[鷄]의 머리[口]와 소[牛]의 꼬리[後]

소진(蘇秦)과 장의(張儀)는 귀곡자(鬼谷子)의 제자다. 그들은 천하의 재사가 되기 위해 귀곡에서 수학하였으며, 둘 다 자신의 재주를 사줄 군주를 만나려고 천하를 떠돌았다. 장의는 열국들이 싸우지 말고 강대국 진을 섬겨 화평하게 지내야 함을 주장했으나 소진은 열국들이 힘을 합해 진나라에 대항할 것을 강조했다.

"한(韓)나라는 토지가 비옥하고 성곽은 견고합니다. 군인들은 용맹하고 좋은 무기를 가졌습니다. 또한, 대왕이 현명하다는 것은 천하가 다 아는데 어찌 진나라를 섬겨 천하의 웃음거리가 되고자 하십니까. 진나라가 요구하는 것을 준다면, 내년에는 훨씬 더 많은 것을 그들이 요구해 올 것입니다. 그때 가서 거절한다면 아마 한나라의 영토는 저들 손에 들어가게 될 것입니다. 속담에 이르기를 '닭의 머리가 될지언정 소의 꼬리가 되지 말라'고 했습니다. 대왕께서 진나라를 섬기는 것은 스스로 소의 꼬리가 되는 것이기에 부끄러운 일입니다."

'계구우후'라는 고사는 소진이 한나라로 들어가 선혜왕(宣惠王)을 만나서 한 말이며, 큰 집단에서 유명무실하게 존재감 없이 지내는 것보다는, 작은 집단에서 두각을 나타내는 것이 낫다는 의미다.

鷄口牛後　닭의 머리가 될지언정 소의 꼬리는 되지 말라

鷄 : 닭 계, 21획 ─────────────────────────── 부수 : 鳥

奚(어찌 해)와 鳥(새 조)가 합하여 이루어진 모습으로, '닭'을 뜻하는 글자이다.

口 : 입 구, 3획 ─────────────────────────── 부수 : 口

'입'이나 '입구', '구멍'이라는 뜻을 가진 글자이다. 口(구)는 사람의 입 모양을 본떠 그린 것이기 때문에 '입'이라는 뜻을 갖게 되었다.

牛 : 소 우, 4획 ─────────────────────────── 부수 : 牛

갑골문을 보면 뿔이 있는 소의 얼굴 모양을 본뜬 모습으로, '소'를 뜻하는 글자이다.

後 : 뒤 후, 9획 ─────────────────────────── 부수 : 彳

後자는 彳(조금 걸을 척), 幺(작을 요), 夂(뒤져서 올 치)가 합하여 이루어진 모습이다. '뒤', '뒤떨어지다', '뒤치다'라는 뜻을 가진 글자이다.

계구우후 이렇게 표현하자

"그는 대기업에서는 중간 관리자였지만, 자신이 창업한 작은 회사에서는 CEO가 되어 '계구우후'의 삶을 잘 보여 주고 있다."

계란유골
鷄卵有骨

닭[鷄]의 알[卵]에도 뼈가[骨] 있다[有]

세종 때 영의정(領議政)을 지낸 황희(黃喜)는 마음이 착하고 생활이 검소했다. 황 정승의 생활이 매우 빈한 것을, 궁휼히 여기신 상감(上監)께서는 잘살게 할 방도가 없을까 하고 생각하였다. 그러던 중 한 묘안을 얻어 다음과 같은 명령을 내렸다.

"내일은 아침 일찍 남대문을 열 때부터 문을 닫을 때까지 이 문으로 들어오는 모든 물건을 황 정승에게 줄 것이오."

그러나 그날은 뜻밖에도 새벽부터 몰아치던 폭풍우가 종일토록 멎지 않아 문을 드나드는 장사치가 한 사람도 없었다.

그런데 다 어두워져서 집에 들어가려고 할 때, 무슨 까닭인지 시골 영감이 달걀 한 꾸러미를 들고 들어왔다. 왕은 약속대로 이것을 사서 황 정승에게 주었다.

집에 돌아온 황희가 이것을 삶아 먹으려고 했으나 알이 모두 곯아서 한 알도 먹지 못하고 말았다 한다.

'계란유골'은 달걀에는 뼈가 없는데, 뼈가 있는 달걀이라는 말은, 있을 수 없는 일을 가리키며 운이 좋은 것처럼 보이나, 오히려 불운한 상황에 처할 때를 비유적으로 표현할 때 사용한다.

鷄卵有骨 운이 나쁜 사람은 기회가 와도 되는 일이 없다

鷄 : 닭 계, 21획 ───────────────────────── 부수 : 鳥

奚(어찌 해)와 鳥(새 조)가 합하여 이루어진 모습으로, 새벽을 알리는 새(鳥)의 뜻이 합하여 '닭'을 뜻하는 글자가 되었다.

卵 : 알 란(난), 7획 ───────────────────── 부수 : 卩

두 개의 물고기 알의 모습을 본뜬 글자로 '알'이나 '고환', '굵다'라는 뜻을 가진 글자이다. 닭 따위 새의 알의 뜻으로 쓰이지만, 본디는 물고기나 개구리의 알과 같이 얽혀 있는 모양의 것이라고도 한다.

有 : 있을 유, 6획 ───────────────────── 부수 : 月

又(또 우)와 月(육달 월)이 합하여 이루어진 모습으로, 값비싼 고기를 손에 쥔 의미에서 '있다', '존재하다', '가지고 있다', '소유하다'라는 뜻을 가지게 되었다.

骨 : 뼈 골, 10획 ───────────────────── 부수 : 骨

살을 발려내고 뼈만 남겨 놓았다는 뜻에서 '뼈'나 '골격', '몸'이라는 뜻을 가진 글자이며, 뼈뿐만 아니라 신체의 부위를 나타내는 부수로도 쓰이고 있다.

계란유골 이렇게 표현하자

"이번 기회는 좋지만, 나는 '계란유골'이라서 아무리 노력해도 좋은 결과를 얻지 못할 것 같다."

계명구도
鷄鳴狗盜

닭[鷄]처럼 울며[鳴] 개[狗]처럼 도둑질[盜]한다

전국시대의 식객(食客)은 한 가지 재주 있는 사람을 뜻했다. 당시의 실권자들은 이러한 식객들을 받아들여 자신의 위세를 사해에 떨쳤다. 그러한 인물 가운데 제(齊)나라에 맹상군(孟嘗君)이 있었다. 인물 됨됨이에 대한 소문은 멀리 진(秦)나라까지 이르러 소양왕(昭襄王)이 그를 청해 재상으로 삼고자 하였다.

그러나 막상 그를 청해 들이자 반대 여론이 많아 약속을 지킬 수 없었다. 중신들은 왕에게 말했다. 만약 살려 보낸다면 앙심을 품고 복수할 것이 분명하므로 맹상군을 죽여야 한다는 것이다. 상황이 이렇게 되자 맹상군은 사람을 시켜 소양왕의 애첩에게 도움을 청했다. 뜻밖에 애첩이 이미 소양왕에게 준 호백구(狐白裘 : 백여우 가죽으로 만든 털옷)를 원하자, 부득이 좀도둑질에 능한 사내에게 훔쳐 오게 하여 애첩에게 주었다. 그렇게 하여 귀국을 허락받고, 일행이 말을 달려 함곡관(函谷關)에 이르렀다. 닫힌 문은 새벽에야 열리게 돼 있었다. 이때 닭 울음소리를 잘 내는 사내의 덕택으로 관문을 탈출할 수 있었다. 마음이 변한 소양왕의 추격대가 도착했으나 맹상군 일행은 이미 관문을 빠져나간 후였다.

'계명구도'는 닭 울음소리와 개 흉내를 내는 것과 같이 하찮은 재주를 의미하지만, 상황에 따라서는 도움이 될 수 있다는 뜻으로 사용된다.

鷄鳴狗盜 하찮은 재주도 때로는 요긴하게 쓸모가 있음을 비유한 말

鷄 : 닭 계, 21획 ──────────────── 부수 : 鳥

奚(어찌 해)와 鳥(새 조)가 합하여 이루어진 모습으로, 새벽을 알리는 새(鳥)의 뜻이 합하여 '닭'을 뜻하는 글자가 되었다.

鳴 : 울 명, 14획 ──────────────── 부수 : 鳥

'울다'나 '(소리를)내다'라는 뜻을 가진 글자이다. 한자를 이해하는 팁 중 하나는 글자 앞에 口(입 구)가 있으면 대부분이 '소리'와 관련된 뜻이라는 점이다.

狗 : 개 구, 8획 ──────────────── 부수 : 犭

犬(개 견)과 句(글귀 구)가 합하여 이루어진 모습으로, '개'나 '강아지'라는 뜻을 가진 글자이다.

盜 : 도둑 도, 12획 ──────────────── 부수 : 皿

마치 次(버금 차)와 皿(그릇 명)이 합하여 이루어진 모습으로, '훔치다', '도둑질'이라는 뜻을 가진 글자이다.

계명구도 이렇게 표현하자

"그는 학문이 깊지 못하지만, '계명구도'처럼 일상생활에서 유용하게 써먹을 수 있는 잡지식에는 능하다."

고복격양
鼓腹擊壤

북[鼓]처럼 배[腹]를 두드리고 땅[壤]을 침[擊]

어느 날, 천하의 성군으로 꼽히는 요(堯)임금이 자기가 정치를 잘하고 있는지 알아보기 위해 평복차림으로 거리에 나섰다. 어느 거리에 이르자 어린이들이 동요를 부르고 있었다.

"우리 백성 살아감이 임금의 덕이 아님이 없네. 느끼지 못하고 알지도 못하면서 당신의 다스림에 따르고 있네."

이 동요를 듣고 가슴이 다소 설레는데 저쪽에서 또 소리가 나서 가보니 백발노인 한 사람이 입에 음식을 넣고 우물거리면서 배를 두드리고 땅을 치면서 노래를 흥얼거리고 있었다. 귀를 기울여 들어 보니,

"동이 트면 일을 하고 해가 지면 쉰다네. 밭을 갈아 배불리 먹고 우물 파서 물을 마시니 임금님의 힘이 나에게 무슨 소용이랴."

그때야 요임금의 마음이 밝아졌다. 백성이 아무런 간섭도 없이 그저 편안히 일하고 넉넉하게 먹고 입는 생활, 즉 요임금이 목표한 이상적인 정치 현실을 그 노인의 노래 속에서 발견한 것이다.

'고복격양'은 현명한 통치자가 정치를 잘 살펴, 백성들이 풍요롭고 평화로운 삶을 누리는 이상적인 사회 모습을 잘 표현해주는 고사성어입니다.

鼓腹擊壤 백성들이 평화스럽고 태평한 세상을 즐김

鼓 : 북 고, 13획 ──────────────────────── 부수 : 鼓

壴(악기이름 주)와 支(가를 지)가 합하여 이루어진 모습이다. 장식이 달린 북을 받침대에 올려놓은 모습을 그린 것으로, '북'이나 '북소리'라는 뜻을 가진 글자이다.

腹 : 배 복, 13획 ──────────────────────── 부수 : 月

月(육달 월)과 复(돌아올 복)이 합하여 이루어진 모습으로, 오장육부 중 하나인 '배'를 뜻하는 글자이다.

擊 : 칠 격, 사람 이름 계, 17획 ──────────────── 부수 : 手

毃(수레 끌 수)와 手(손 수)가 합하여 이루어진 모습이다. 전차를 몰며 창을 휘두르는 모습을 그린 것으로, 치다'나 '공격하다'라는 뜻을 가진 글자이다.

壤 : 흙 양, 흙덩이 양, 20획 ──────────────── 부수 : 土

土(흙 토)와 襄(도울 양)이 합하여 이루어진 모습으로, 흙덩어리'나 '땅', '경작지'라는 뜻을 가진 글자이다.

고복격양 이렇게 표현하자

"경제 위기로 인해 실업자가 증가하고 있는 상황에, 모두 힘든 삶을 살고 있다. 어서 빨리 이 위기를 극복해 '고복격양'하는 태평성대가 왔으면 좋겠다."

고성낙일
孤城落日

고립된[孤] 성[城]에 지는[落] 해[日]

왕유(王維)의 자는 마힐(摩詰)이다. 지금의 산서성 출신으로 개원 초기에 급제하였으며 벼슬은 상서우승(尙書右丞)에 이르렀다. 음악에 정통하였으며, 시를 잘 짓고 그림을 잘 그렸다. 맹호연(孟浩然)과 함께 도연명(陶淵明)의 풍류를 이어받은 탓인지 당시(唐詩)에서 새로운 일파를 개척한 것으로 알려져 있다.

다음의 시는 요새 밖의 쓸쓸한 정경과 외로운 심경을 나타낸다.

장군을 따라 우현을 취하고자 하니
모래밭으로 달려 거연(居延)으로 향하네
멀리 한나라 사자가 소관밖에 이른 것을 아니
근심스러운 것은 고성낙일(孤城落日)이라

'고성낙일'은 한 나라의 권력과 위엄이 무너져가는 것을 의미하지만, 여기서는 세상의 무상함과 외로운 심정을 표현하고 있다.

孤城落日 세력이 다하고 남의 도움이 없는 매우 외로운 처지

孤 : 외로울 고, 8획 ──────────────── 부수 : 子
子(아들 자)와 瓜(오이 과)가 합하여 이루어진 모습이며, '외롭다', '의지할 데가 없다'라는 뜻을 가진 글자이다.

城 : 재 성, 9획 ──────────────── 부수 : 土
土(흙 토)와 成(이룰 성)이 합하여 이루어진 모습이며, '성'이나 '도읍', '나라'라는 뜻을 가진 글자이다. 흙을 주재료로 하여 쌓은 토성을 떠올려볼 수 있을 것이다.

落 : 떨어질 낙, 13획 ──────────────── 부수 : 艹
갑골문을 보면 본래, 비를 뜻하는 雨(비 우)와, '가다'라는 의미의 各(각각 각)이 합해진 모습으로, 나뭇잎이나 비가 떨어지는 것을 표현한 것으로 여기에 풀을 의미하는 艹(초두머리 초)자를 더해 의미를 확대한 글자다.

日 : 날 일, 4획 ──────────────── 부수 : 日
태양을 그린 것으로 '날'이나 '해', '낮'이라는 뜻이 있다.

고성낙일 이렇게 표현하자

"그는 병상에서 '고성낙일'의 쓸쓸함을 느끼며 지난 세월을 돌아보았다."

곡학아세
曲學阿世

그릇된[曲] 학문[學]으로 세상에[世] 아첨함[阿]

전한 무제 때에 원고생(轅固生)이라는 시인이 있었다. 그의 명성을 들은 황제가 널리 사람을 풀어 청하였다. 당시 그의 나이는 90세였으나 결코 노쇠한 모습을 보이지 않고 백설같이 분분한 머리를 드날리며 한달음에 달려와 황제를 배알(拜謁) 했다.

성격이 대쪽 같았던 노인이 나오는 바람에 제 잘난 척 떠들어대던 사이비 학자들은 결코 가만히 있을 수 없었다. 그들은 이마를 맞대고 결사적으로 원고생을 밀어낼 방안을 모색했다. 그래서 틈만 있으면 황제를 찾아가 연로한 원고생의 나약함을 지적하며 중상하고 모략했다. 그런데도 황제는 그를 중용했다. 이 당시 원고생과 함께 등용된 공손홍(公孫弘)이라는 학자가 있었다. 그는 몹시 원고생을 경멸하며 대했으나 원고생은 다음과 같이 말했다.

"지금 학문의 길은 어렵고 속설이 난무하고 있소. 이대로 가면 학문은 요사스러운 학설에 휘말리어 가닥을 찾기 어려울 것이오. 다행히 자네는 나이가 젊고 현명하니 부디 자신이 믿는 학설을 굽히어(曲學) 세상의 속물에 아부하지(阿世) 마시게."

'곡학아세'는 자신의 신념과 가치관을 바꾸면서까지 세상과 타협하고 권력에 굴복하는 태도를 비유하는 말로, 지식이나 학문으로 권력에 아첨하는 행위로 표현하기도 한다.

曲學阿世 배운 학문을 아첨하는 데에 쓰는 것을 말함

曲 : 굽을 곡, 6획 ──────────────── 부수 : 曰
'굽다', '바르지 않다'라는 뜻을 가진 글자이다. 曰(가로 왈)이 부수로 지정되어는 있지만 '말씀'하고는 아무 관계가 없다.

學 : 배울 학, 16획 ──────────────── 부수 : 子
臼(절구 구), 宀(집 면), 爻(사귈 효), 子(아들 자)가 합하여 이루어진 모습이며, '배우다', '공부하다'라는 뜻을 가진 글자이다.

阿 : 언덕 아, 8획 ──────────────── 부수 : 阝
뜻을 나타내는 阝(좌부 변)과 음을 나타내는 동시에 '휘어 구부러지다'의 뜻을 나타내기 위한 可(옳을 가)로 이루어진 글자이다.

世 : 세상 세, 5획 ──────────────── 부수 : 一
'일생'이나 '생애', '세대'라는 뜻을 가진 글자로, 나뭇가지와 이파리를 함께 그린 것이다.

곡학아세 이렇게 표현하자

"그는 돈과 권력에 눈이 멀어 옛날에 배우던 것을 모두 잊고 '곡학아세'하는 인물이 되어 버렸다."

과유불급
過猶不及

지나침[過]은 미치지[及] 못함[不]과 같다[猶]

논어(論語) 선진편(先進扁)에 나오는 이야기다.

어느 날 제자인 자공(子貢 : BC 520~456)이 공자에게 물었다.

"선생님, 자장(子張)과 자하(子夏) 중 어느 쪽이 더 현명합니까?"

공자는 두 제자를 비교한 다음 이렇게 말했다.

"자장은 아무래도 매사에 지나친 면이 있고, 자하는 부족한 점이 많은 것 같다."

"그렇다면 자장이 낫겠군요?"

자공이 다시 묻자 공자가 이렇게 대답했다.

"아니다. 지나침은 미치지 못함과 같다(過猶不及)."

공자는 중용(中庸 : 어느 한쪽으로 치우침이 없이 중정(中正)함)의 도(道)를 말했던 것이다.

'과유불급'은 지나침은 모자람만 못하다는 뜻으로, 어떤 일에서든지 지나치거나 부족한 것은 모두 좋지 않고, 적절한 정도를 유지하는 것이 중요하다는 것을 의미한다.

過猶不及 정도가 지나침은 미치지 못한 것과 같다.

過 : 지날 과, 재앙 화, 13획 ───────────────────── 부수 : 辶

辶(쉬엄쉬엄 갈 착)과 咼(가를 과)가 합하여 이루어진 모습으로, '지나다', '경과하다', '지나치다'라는 뜻을 가진 글자이다.

猶 : 오히려 유, 원숭이 유, 12획 ─────────────── 부수 : 犭

犬(개 견)과 酋(묵은 술 추)가 합하여 이루어진 모습으로, '오히려', '망설이다'라는 뜻을 가진 글자이다. 猶(유)는 의심이 많은 원숭이의 특징이 반영된 글자라 할 수 있다.

不 : 아닐 부, 아닐 불, 4획 ─────────────────── 부수 : 一

땅속으로 뿌리를 내린 씨앗을 본뜬 것으로, 아직 싹을 틔우지 못한 상태라는 의미에서 '아니다', '못하다', '없다'라는 뜻을 갖게 되었다.

及 : 미칠 급, 4획 ───────────────────────── 부수 : 又

갑골문을 보면 人(사람 인)에 又(또 우)가 그려져 있는데, 마치 누군가를 붙잡으려는 듯한 모습이다. 이것은 누군가에게 다다르고 있다는 뜻을 표현한 것이다. 그래서 '미치다', '이르다', '도달하다'라는 뜻을 가진 글자가 되었다.

과유불급 이렇게 표현하자

"운동을 과도하게 하면 부상의 위험이 있으니 '과유불급'을 기억하고 적절하게 운동하는 것이 중요하다."

45

관포지교
管鮑之交

관중[管]과 포숙아[鮑]의[之] 사귐[交]

춘추전국 초엽, 제(齊)나라에 관중(管仲)과 포숙아(鮑叔牙)라는 두 관리가 있었다. 이들은 둘도 없이 친한 사이였다. 관중은 훗날 포숙아에 대한 우정의 마음을 다음과 같이 술회했던 적이 있다.

"젊어서 포숙아와 장사를 할 때 이익금을 늘 내가 더 많이 차지했지만, 그는 나를 욕심쟁이라고 말하지 않았다. 내가 가난하다는 걸 알고 있었기 때문이다. 또 그를 위해 한 사업이 실패하여 그를 궁지에 빠뜨린 일이 있었지만 나를 용렬하다고 여기지 않았다. 일에는 성패가 있다는 것을 알고 있었기 때문이다. 나는 또 벼슬길에 나갔다가 곧잘 물러나곤 했었지만, 그는 나를 무능하다고 말하지 않았다. 내게 운이 따르고 있지 않다는 것을 알고 있었기 때문이다. 어디 그뿐인가. 나는 싸움터에서도 도망친 적이 한두 번이 아니었지만, 그는 나를 겁쟁이라고 말하지 않았다. 내게 노모(老母)가 계시다는 것을 알고 있었기 때문이다."

이에 관중은 죽기 전에 이렇게 말했다.

"나를 낳아준 이는 부모지만 나를 진정으로 알아준 이는 포숙아다"

'관포지교'는 관중과 포숙아의 변함없는 우정을 뜻하는 성어로 서로를 깊이 이해하고 신뢰하며 어려움을 돕고 격려하는 진정한 우정을 의미하는 말이다.

管鮑之交 아주 친한 친구 사이의 사귐

管 : 대롱 관, 14획 ──────────────────────── 부수 : 竹
竹(대나무 죽), 官(벼슬 관)이 합하여 이루어진 모습이며, '대롱'이나 '주관하다'라는 뜻을
가진 글자이다.

鮑 : 절인 물고기 포, 16획 ──────────────────── 부수 : 魚
뜻을 나타내는 魚(물고기 어)와 음을 나타내는 包(감쌀 포)가 합해진 글자이다.

之 : 갈 지, 4획 ──────────────────────── 부수 : 丿
갑골문자를 보면 발을 뜻하는 止(발 지)가 그려져 있는데 사람의 발을 그린 것으로 '가
다'나 '~의', '~에'와 같은 뜻으로 쓰이는 글자이다.

交 : 사귈 교, 6획 ──────────────────────── 부수 : 亠
'사귀다', '교제하다', '엇갈리다'라는 뜻을 가진 글자이며, 본래 사람의 두 발을 교차해서
꺾는 모양을 나타내, 고대의 형벌의 한가지였는데, 후에 서로 교차한다는 의미에서 '사
귀다'는 의미로 파생되었다.

관포지교 이렇게 표현하자

"그들의 관계는 '관포지교'처럼 서로의 어려움에 도움을 주며 진심 어린 우정을
나누는 모습이 인상적이었다."

괄목상대
刮目相對

눈[目]을 비비고[刮] 상대를[相] 마주함[對]

삼국이 세 발 달린 솥처럼 대치하고 있을 때, 오나라 손권의 부하 중에 여몽(呂蒙)이라는 장수가 있었다. 그는 일개 사졸에서 장군의 자리에까지 오른 인물이었으나, 무식하기가 이를 데 없었다. 손권은 그를 보기만 하면 책을 읽고 이론에 충실하도록 여러 방면으로 충고했다.

얼마의 시간이 지난 뒤 뛰어난 학문을 지닌 노숙(魯肅)이 여몽을 찾아갔다.

"노숙, 자네가 어쩐 일인가?"

"자네와 급히 의논할 일이 있어서 왔네."

"어서 들어오게."

노숙은 자신이 온 목적을 얘기했다. 그 와중에 노숙은 깜짝 놀랐다. 여몽과 막역하게 지내 온 터였지만, 이렇듯 학문이 깊어지고 박식해진 것은 처음 보았기 때문이다. 헤어지는 자리에서 여몽은 말했다.

"서로가 헤어진 지 사흘이 지나면 눈을 비비고 다시 볼 정도로 달라져 있어야 하는 법이라네."

'괄목상대'는 학식이나 재주가 깜짝 놀랄 만큼 늘었음을 뜻하는 말로, 다른 사람의 놀라운 성장을 눈으로 직접 확인했다는 의미로 사용된다.

刮目相對 학식이나 재주가 놀랄 만큼 향상된 경우를 말함

刮 : 긁을 괄, 8획 ——————————————————— 부수 : 刂

刂(선칼도방 도)와 舌(혀 설)이 합하여 이루어진 모습으로, '긁다', '깍다', '도려내다'라는 뜻을 가진 글자이다.

目 : 눈 목, 5획 ——————————————————— 부수 : 目

사람의 눈을 그린 것으로, '눈'이나 '시력', '안목'이라는 뜻을 가진 글자이다. 갑골문을 보면 사람의 눈과 눈동자가 잘 표현되어있다.

相 : 서로 상, 9획 ——————————————————— 부수 : 目

木(나무 목)과 目(눈 목)이 합하여 이루어진 모습으로, '서로', '모양', '가리다'라는 뜻을 가진 글자이다. 나무에 올라가서 눈으로 먼 곳을 본다는 의미에서 '보다'는 뜻이 생성되었으며, 후에 함께 본다는 것에서 '서로'와 보고 돕는다는 것에서 '돕다'라는 뜻을 가지게 되었다.

對 : 대할 대, 14획 ——————————————————— 부수 : 寸

丵(풀무성할 착)과 寸(마디 촌)이 합하여 이루어진 모습으로, '대하다', '마주하다'라는 뜻을 가진 글자이다. 입으로 응대하되 법도(寸)에 맞게 한다는 의미에서 '대답하다'는 의미가 생성되었으며, 후에 서로 대답한다는 의미에서 '상대하다' 의미까지 파생되었다.

괄목상대 이렇게 표현하자

"영철이는 피나는 노력의 결과로 기타 연주 실력이 '괄목상대'할 만큼 향상되었다."

교언영색
巧言令色

교묘한[巧] 말[言]과 아름다운[令] 얼굴빛[色]

공자는 일찍부터 꾸미는 언사에 대해 경계하는 자세를 취했다. 또한 그 부분에 대해 경계하는 말을 아끼지 않았다. 상대방에게 애교를 부리는 것까지는 좋으나 아첨하는 태도를 취하는 것은 결코 바람직하지 못하다는 지적이 그것이다. 공자는 교묘한 말을 지껄이며 부드럽게 얼굴색을 바꾸는 자를 소인배로 여겼다.

『논어(論語)』의 「학이(學而)편」에 '교언영색에는 인이 적다'고 하였다.

상대를 즐겁게 하는 얼굴이나 말에는 반드시 좋지 못한 뜻이 숨어 있다는 것이다.

그런가하면 「공야장편(公冶長篇)」에는 낯빛을 부드럽게 하는 것은 공자 자신도 부끄럽게 여긴다고 했다. 다시 말해 공자 자신도 수치로 여긴다는 뜻이다.

또한 공자는 '좌구명(左丘明)이 수치를 안다'라고 말했다. 좌구명은 『춘추좌씨전(春秋左氏傳)』을 쓴 것으로 알려진 인물인데, 공자는 좌구명을 거론하면서까지 입에 발린 말 '교언'과 잘 꾸민 낯빛 '영색'이 최고의 처세가 되는 세상은 곧 망할 세상이라고 설명하였다.

'교언영색'은 교묘한 말과 아첨하는 낯빛이라는 뜻으로, 남의 환심을 사기 위해 거짓말을 하고 아첨하는 태도를 비유할 때 표현한다.

50

巧言令色 말을 그럴듯하게 꾸미거나 남의 비위를 잘 맞추는 태도

巧 : 교묘할 교, 5획 ──────────────────────── 부수 : 工

工(장인 공)과 丂(공교할 교)이 합하여 이루어진 모습으로, '공교하다', '솜씨가 있다'라는 뜻을 가지며, 장인이 솜씨 있게 꾸민다는 의미에서 '겉만 교묘하게 꾸민다'는 의미로 확대되었다.

言 : 말씀 언, 7획 ──────────────────────── 부수 : 言

䒑(넉 사)와 口(입 구)가 합해진 모습으로, '말씀'이나 '말'이라는 뜻을 가진 글자이다. 갑골문을 보면 口(입 구)가 나팔을 부는 모습이라는 설도 있는데, 입에서 소리가 퍼져나가는 모습을 그린 것으로 부수로 쓰일 때는 '말하다'와 관계된 뜻을 전달하게 된다.

令 : 아름다울 령 ──────────────────────── 부수 : 人

亼(삼합 집)과 卩(병부 절)이 합하여 이루어진 모습으로, '~하게 하다'나 '이를테면', '법령'이라는 뜻을 가진 글자이다.

色 : 빛 색, 6획 ──────────────────────── 부수 : 色

⺈(칼도 도)와+ 巴(꼬리 파)가 합하여 이루어진 모습으로, '색채'나 '얼굴빛', '정욕'이라는 뜻을 가진 글자이다. 무릎을 꿇은 사람(巴) 위에 또 사람을 더해 남녀 사이의 정을 의미하는 '색정'을 뜻하며, 후에 얼굴색으로 인해 '색깔'의 의미로 파생되었다.

교언영색 이렇게 표현하자

"자기 자신의 이익을 위해서 '교언영색'을 마다하지 않는 사람들을 보면 욕이 저절로 나온다."

교칠지심
膠漆之心

아교[膠]와 옻[漆]의[之] 마음[心]

　　당나라 때의 백낙천(白樂天)과 원미지(元微之)는 교서랑 시절의 동료이다. 이들은 천자(天子)가 친재(親裁)하여 등용하는 과거에도 함께 급제했다. 또한 시의 혁신에도 뜻을 같이해서 한나라 시대의 민요를 토대로 시대의 폐단인 백성들의 분노와 고통과 번뇌를 담은 악부에 유교적인 민본사상을 맥박치게 하는 신악부를 지었다. 그런데 이것이 화근이 되어 두 사람 다 시골로 좌천되고 말았다. 두 사람은 떨어져 있는 동안 서로를 그리워했으며, 백낙천은 원미지에게 편지를 썼다.

『4월 10일 밤에 낙천은 아뢰다.
　미지여, 미지여 그대의 얼굴을 보지 못한지도 이미 3년이 지나네.
　그대의 편지를 받지 못한 지도 2년이 되려고 하네.
　인생이란 길지 않은 걸세. 그런데도 이렇게 떨어져 있어야 하니 말일세. 하물며 아교와 옻칠 같은 마음으로써 북쪽 오랑캐 땅에 몸을 두고 있으니 말일세. 나아가도 서로 만나지 못하고 물러서도 서로 잊을 수 없네. 서로 그리워하면서도 떨어져 있어, 각자 흰머리가 되려고 하네.
　미지여, 미지여, 어찌하리오, 어찌하리오.
　실로 하늘이 하신 것이라면, 이것을 어찌하랴.』
　'교칠지심'은 사람 간의 관계나 마음가짐에 대한 비유적 표현으로 끈끈한 유대감과 세심한 배려심을 강조하는데 표현되는 성어입니다.

膠漆之心 아주 친밀하여 떨어질 수 없는 교분

膠 : 아교 (교), 15획 ——————————————— 부수 : 月

月(육달월 월)과 翏(높이 날 료(요))가 합하여 이루어진 모습으로, '아교', '아교풀', '달라붙다'라는 뜻을 가진 글자이다.

漆 : 옻 칠, 일곱 칠, 14획 ——————————————— 부수 : 氵

水(물 수)와 桼(옻 칠)이 합하여 이루어진 모습이다. 가지가 뻗어있는 옻나무를 그린 것으로 '옻', '옻나무 진', '검은 칠'이라는 뜻을 가진 글자이다.

之 : 갈 지, 4획 ——————————————— 부수 : 丿

갑골문자를 보면 발을 뜻하는 止(발 지)가 그려져 있는데 사람의 발을 그린 것으로 '가다'나 '~의', '~에'와 같은 뜻으로 쓰이는 글자이다.

心 : 마음 심, 4획 ——————————————— 부수 : 心

'마음'이나 '생각', '심장', '중앙'이라는 뜻을 가진 글자이다. 사람의 심장 모양을 본뜬 글자로 고대에는 사람의 뇌에서 지각하는 개념을 모두 심장에서 나오는 것으로 인식해 '마음'의 의미로 쓰이게 되었다.

교칠지심 이렇게 표현하자

"그들은 멀리 떨어져 있지만, '교칠지심'과 같은 끈끈한 우정으로 깊은 관계를 맺고 있다"

구밀복검

口蜜腹劍

입[口]에 꿀[蜜]이 있고 배[腹]에 칼[劍]이 있음

당나라 6대 임금인 현종(玄宗)은 정치를 매우 잘하여 '개원(開元)의 치(治)'라고 일컬을 정도로 추앙받았다. 그러나 그러던 그도 황후가 죽은 뒤에는 양귀비에 빠져 정치에 싫증을 내고 사치와 방탕으로 세월을 보냈다. 어진 재상 장구령(張九齡)을 내쫓고 아첨꾼 이임보(李林甫)에게 나랏일을 모두 맡겼다. 이임보는 황제를 모시는 자신을 두고 수군거리거나 자신의 권위에 도전하는 신하가 나타나면 가차 없이 제거하였다.

"폐하는 고금에 둘도 없는 명군이오. 어찌 신하 된 자가 이러쿵저러쿵 말을 하는가. 누구나 가만히 있으면 탈이 없소이다 만, 함부로 처신하면 목숨을 잃을 것이오."

이렇듯 자신의 권위에 도전하는 신하들은 모두 조정에서 쫓겨났고 그럴수록 이임보는 더욱 간교하게 조정 대신들을 죽이거나 귀양 보냈다. 특히 조정에서 쫓겨난 신하들은 모두 이임보를 두려워하며 다음과 같이 말했다고 한다.

"이임보는 입으로는 꿀 같은 말을 하지만 뱃속에는 무서운 칼이 들어 있어 위험한 인물이야."

이후 그가 죽고 나서 죄상이 밝혀짐에 따라 부관참시에 처해 졌다.

'구밀복검'은 겉으로는 친절하게 대해 주지만 속으로는 해칠 뜻을 품거나 뒤에 가서 헐뜯는 사람을 표현할 때 사용한다.

口蜜腹劍 말로는 친한 척하나, 속으로는 해칠 생각이 있음

口 : 입 구, 3획 ──────────────────────── 부수 : 口
'입'이나 '입구', '구멍'이라는 뜻을 가진 글자로, 사람의 입 모양을 본떠 그린 것이기 때문에 '입'이라는 뜻을 갖게 되었다.

蜜 : 꿀 밀, 14획 ──────────────────── 부수 : 虫
宓(잠잠할 밀), 虫(벌레 충)이 합하여 이루어진 모습이며, '꿀'이나 '꿀벌'이라는 뜻을 가진 글자이다.

腹 : 배 복, 13획 ──────────────────── 부수 : 月
月(육달 월), 复(돌아올 복)이 합하여 이루어진 모습이며, 오장육부 중 하나인 '배'를 뜻하는 글자이다. 참고로 月(육달 월)이 붙은 한자는 신체 일부를 뜻하는 경우가 많다.

劍 : 칼 검, 15획 ──────────────────── 부수 : 刂
僉(다 첨)과 刀(칼 도)가 합하여 이루어진 모습으로, 칼'이나 '베다'라는 뜻을 가진 글자이다. 劍(검)은 양날의 다소 큰 칼이고, 刀(도)는 한쪽 날의 작은 칼을 의미한다.

구밀복검 이렇게 표현하자

"그녀는 '구밀복검'의 성격을 가지고 있어, 겉으로는 다정하지만, 속으로는 나쁜 마음을 갖고 있었다."

군계일학
群鷄一鶴

여러[群] 닭[鷄] 가운데 한[一] 마리의 학[鶴]

중국 위진남북조시대 때 죽림칠현의 한 사람인 혜강(嵇康)이라는 인물이 있었다. 그는 세상이 싫어 산속에서 지내며 살았는데 그런 태도가 사람들의 미움을 샀고, 결국은 그들에게 죽임을 당했다. 그에게는 혜소(嵇紹)라는 아들이 있었다. 혜소는 아비를 여러모로 쏙 빼닮으며 자랐다. 혜강의 옛 친구인 산도(山濤)는 혜소를 진나라 무제 사마염에게 추천했다.

"폐하, 『서경(書經)』에 이르기를 아비의 죄는 아들에게 미치지 않는다, 했습니다. 혜소가 죄인(혜강)의 아들이나 지혜가 출중하오니, 부디 비서랑(秘書郎)의 벼슬을 내려주시옵소서."

사마염(司馬炎)은 비서로 추천한 혜소를 더 높은 벼슬인 비서승(秘書丞)에 앉혔다. 그렇게 임명이 되고 며칠 후 그를 지켜보던 어떤 사람이 죽림칠현의 한 사람인 왕융(王戎)에게 넌지시 말을 걸었다.

"며칠 전에 혼잡한 군중 속에서 혜소를 보았습니다. 그의 높은 기개와 혈기가 마치 학이 닭 무리에 있는 듯합니다."

'군계일학(群鷄一鶴)'은 혜소를 두고 한 말에서 유래한 것이다.

'군계일학'은 닭 무리 속에 섞여 있는 한 마리의 학이라는 뜻으로 평범한 사람 중에서 뛰어나게 돋보이는 사람을 비유할 때 표현하는 말이다.

群鷄一鶴　많은 사람 가운데 가장 뛰어난 인물.

群 : 무리 군, 13획 ──────────────── 부수 : 羊
君(임금 군), 羊(양 양)이 합하여 이루어진 모습이며, '무리', '떼'라는 뜻을 가진 글자이다.

鷄 : 닭 계, 21획 ──────────────── 부수 : 鳥
奚(어찌 해), 鳥(새 조)가 합하여 이루어진 모습이며, '닭'을 뜻하는 글자이다.

一 : 한 일, 1획 ──────────────── 부수 : 一
'하나'나 '첫째', '오로지'라는 뜻을 가진 글자로 막대기를 옆으로 눕혀놓은 모습을 그린 것이다.

鶴 : 학 학, 21획 ──────────────── 부수 : 鳥
'학' 또는 '두루미'라는 뜻을 가진 글자로, 두루미는 순수 우리말이고 한자어로는 '학'이라 한다.

군계일학 이렇게 표현하자

"그는 '군계일학' 같은 존재였다. 모두가 그를 찾아봤지만 그만큼 뛰어난 사람은 없었다."

권선징악
勸善懲惡

착한[善] 것은 권[勸]하고 악한[惡] 것은 징벌[懲]함

권선징악(勸善懲惡)은 『춘추좌씨전(春秋左氏傳)』에서 유래한 말로 선함을 권하고 악함을 징계한다는 뜻이다. 『춘추좌씨전』 노(魯) 성공(成公) 14년에 다음과 같은 기록이 있다.

"『춘추(春秋)』의 기록은 문장은 간략해 보이지만 뜻이 다 담겨있고, 사실을 서술하였지만, 뜻이 깊고, 완곡하지만 도리를 갖추었고, 사실을 다 기록하되 왜곡하지 않고, 악을 징계하고 선을 권장한 것이니, 공자(孔子)와 같은 성인(聖人)이 아니면 누가 이렇게 지을 수 있었겠는가?"

권선징악은 윗글의 '징악이권선(懲惡而勸善)'이라는 말에서 유래한 것으로, 악한 행위는 마땅히 징벌하여 바로잡고 선한 행위는 권하여 장려해야 한다는 뜻이다. 옳고 그름을 분명히 따져 충신과 효자에게는 상을 주고 난신과 적자에게는 벌을 주는 권선징악의 엄정한 평가는 공자가 『춘추』를 지으면서 객관적이고 공정한 서술과 더불어 가장 중시했던 점이다. 공자의 이러한 서술 태도는 후대에 춘추필법(春秋筆法)이라고 불릴 정도로 역사서술에 있어 하나의 기준이 되었다.

'권선징악'은 단순히 선과 악을 구분하는 것을 넘어, 선한 행동을 통해 세상을 바르게 이끌어야 한다는 적극적인 의미를 담고 있다.

勸善懲惡 착한 행실을 권장하고 악한 행실을 징벌함

勸 : 권할 권, 19획 ──────────────────────── 부수 : 力

木(나무 목)과 雚(황새 관)이 합하여 이루어진 모습으로, '권세'나 '권력', '권한'이라는 뜻을 가진 글자이다. 본래 저울추의 의미로 만든 글자였으며, 저울질을 할 수 있는 힘을 지녔다는 의미에서 '권력'의 의미로 파생되었다.

善 : 착할 선, 12획 ──────────────────────── 부수 : 口

口(입 구)와 羊(양 양), 丷(초두머리 초)가 합하여 이루어진 모습으로, 선한 사람을 일컬어 사슴 같은 눈망울을 가졌다고 의미에서 '착하다', '사이좋다'라는 뜻을 가지게 되었다.

懲 : 징계할 징, 19획 ──────────────────────── 부수 : 心

徵(부를 징), 心(마음 심)이 합하여 이루어진 모습이며, '징계하다', '응징하다', '벌주다'라는 뜻을 가진 글자이다.

惡 : 악할 악, 12획 ──────────────────────── 부수 : 心

亞(버금 아), 心(마음 심)이 합하여 이루어진 모습이며, '미워하다'나 '악하다', '나쁘다'라는 뜻을 가진 글자이다.

권선징악 이렇게 표현하자

"좋은 리더는 팀원들이 선한 행동을 따르도록 권하고, 그릇된 행동을 바로잡는 '권선징악'의 역할을 합니다."

권토중래
捲土重來

흙[土]먼지를 날리며[捲] 다시[重] 돌아옴[來]

항우(項羽)와 유방(劉邦)의 초한 전쟁 때 항우는 강동 지역의 8천 자제(子弟)를 거느리고 천하를 호령하며 8년간 승승장구했다. 그러나 전쟁의 마지막을 장식한 구리산 변의 싸움에서 유방은 초나라 군대의 사면을 겹겹으로 포위한 채 곳곳에서 초나라 노래를 부르며 매복병을 두었다. 항우의 신하들은 강동 지방으로 들어가 훗날을 도모하자고 조언했지만, 항우는 이를 듣지 않고 결국 오강(烏江)에서 자결하고 말았다. 영웅으로 살아온 그는 작은 고을로 숨어 들어가는 수치를 견디지 못한 것이다.

이를 두고 천년 뒤에 시인 두목(杜牧)은 『제오강정(題烏江亭)』이라는 시를 지었다.

승패란 병가에서 기약할 수 없는 일,
부끄러움을 참을 줄 아는 것이 사나이라네.
강동의 젊은이 중에는 인물도 많은데,
흙먼지 일으키며 다시 쳐들어왔다면 어찌 되었을까.

'권토중래'는 흙먼지를 일으키며 다시 돌아온다는 뜻으로, 한 번 실패한 후 다시 일어나 성공하는 것을 표현할 때 사용하는 말이다.

捲土重來 어떤 일에 실패한 뒤, 힘을 길러 다시 시작함

捲 : 말 권, 11획 ──────────────────── 부수 : 扌

扌(재방변 수)와 卷(책 권)이 합하여 이루어진 모습으로, '거두다', '말다', '힘쓰다'라는 뜻을 가진 글자이다.

土 : 흙 토, 3획 ──────────────────── 부수 : 土

'흙'이나 '토양', '땅', '장소'라는 뜻을 가진 글자로, 갑골문을 보면 평지 위로 둥근 것이 올라온 모습이 그려져 있는데, 이것은 흙을 표현한 것이다.

重 : 무거울 중, 9획 ──────────────────── 부수 : 里

東(동녘 동)과 人(사람 인)이 합하여 이루어진 모습으로, 사람이 짐을 메고 가는 모양에서 '무겁다', '소중하다'라는 뜻을 가진 글자이다. 里(마을 리)가 부수이지만 '마을'과는 아무 관계가 없다.

來 : 올 래, 8획 ──────────────────── 부수 : 人

'오다', '돌아오다', '앞으로'라는 뜻을 가진 글자로, 보리의 뿌리와 줄기를 그린 것이다. 옛사람들은 곡식은 하늘이 내려주는 것으로 생각하여 '오다'라는 뜻으로 쓰이게 되었다.

권토중래 이렇게 표현하자

"한 번의 실패로 인해 그의 열정이 꺼지지 않았다. 오히려 '권토중래'하여 더 강하게 돌아왔다."

금란지교
金蘭之交

금[金]과 난초[蘭] 같은[之] 사귐[交]

이 말은 『역경(易經)』의 「계사전(繫辭傳)」 상(上)에 실린 공자의 말씀에서 유래했다.

"두 사람이 마음을 하나로 하면 그 날카로움이 쇠를 끊고
마음을 하나로 해 말하면 그 향기가 난초와 같다."

쇠처럼 굳고 난초처럼 향기로운 친구 사이의 사귐을 가리켜 금란지교라 했다.
이후 금란, 금란계, 금란지계 등의 형태로 여러 곳에서 인용되고 있다.

대표적으로 『세설신어(世說新語)』의 「현원편(賢媛篇)」에는 '산도와 혜강, 완적이 얼굴을 한번 대하고는 금란과 같은 사귐을 가졌다.'라고 되어 있다.

'금란지교'는 진정한 우정의 모습을 잘 나타내고 표현하는 사자성어이다. 서로를 존중하고 이해하며, 어려움과 기쁨을 함께 나누는 금란지교는 인생의 큰 축복이다.

金蘭之交 어려운 일이라도 서로 해 쳐나갈 만큼 우정이 깊은 사귐

金 : 쇠 금, 8획 ───────────────────── 부수 : 金

'금속'이나 '화폐'라는 뜻을 가진 글자이다. 예전에는 金은 금(金)이나 은(銀)·동(銅)·석(錫)·철(鐵)과 같은 다섯 가지 금속을 통칭했었다.

蘭 : 난초 난(란), 20획 ───────────────── 부수 : 艹

艹(풀 초)와 闌(가로막을 난)이 합하여 이루어진 모습이며, '난초'나 '목련'이라는 뜻을 가진 글자이다.

之 : 갈 지, 4획 ───────────────────── 부수 : 丿

갑골문자를 보면 발을 뜻하는 止(발 지)가 그려져 있는데 사람의 발을 그린 것으로 '가다'나 '~의', '~에'와 같은 뜻으로 쓰이는 글자이다.

交 : 사귈 교, 6획 ──────────────────── 부수 : 亠

'사귀다'나 '교제하다', '엇갈리다'라는 뜻을 가진 글자이며, 본래 사람의 두 발을 교차해서 꺾는 모양을 나타내, 고대의 형벌의 한가지였는데, 후에 서로 교차한다는 의미에서 '사귀다'는 의미로 파생되었다.

금란지교 이렇게 표현해요

"우리는 초등학교 때부터 친구로서 '금란지교'를 지키고 있다."

금슬지락
琴瑟之樂

거문고[琴]와 비파의[瑟] [之] 즐거움[樂]

금은 보통 거문고를 말하고 슬은 큰 거문고를 말한다. 거문고를 가락에 맞추어 치듯 아내와 뜻이 잘 맞음을 말한 것이다.

이 말의 유래는 모두 〈시경(詩經)〉에서 비롯하고 있다.

소아 상체 편은 한집안의 화합함을 노래한 팔장(八章)으로 된 시로, 이 시의 칠(七)장에 '처자와 좋게 합하는 것이 거문고를 치는 것과 같고, 형제가 이미 합하여 화락하고 또 즐겁다'라고 했다.

또 같은 〈시경(詩經)〉 국풍 관저 편은 다섯 장으로 되어 있는데, 제4장에 '요조한 숙녀를, 금슬로서 벗한다.'라고 했다. 조용하고 얌전한 처녀를 아내로 맞아 거문고를 치며 서로 사이좋게 지낸다는 뜻이다.

여기서 부부간의 정을 금슬로 표현하게 되었고, 부부지간의 금슬이 좋은 것을 '금슬지락'이라고 표현하였다.

'금슬지락'은 단순히 음악적인 조화를 넘어서, 부부가 서로를 존중하고 배려하며 화목하게 지내는 모습을 아름답게 표현한 말이다.

琴瑟之樂 부부 사이의 화목함을 즐거워하는 것

琴 : 거문고 금, 12획 ──────────────────────────── 부수 : 王

玉(옥 옥)과 今(이제 금)이 합하여 이루어진 모습으로, '거문고'라는 뜻을 가진 글자이다. 琴(금)은 우리의 거문고와 같은 중국의 현악기를 뜻하는 글자이다.

瑟 : 큰 거문고 슬, 13획 ──────────────────────────── 부수 : 王

珏(쌍옥 각)과 必(반드시 필)이 합하여 이루어진 모습으로, '큰 거문고', '비파'라는 뜻을 가진 글자이다.

之 : 갈 지, 4획 ──────────────────────────── 부수 : 丿

갑골문자를 보면 발을 뜻하는 止(발 지)가 그려져 있는데 사람의 발을 그린 것으로 '가다'나 '~의', '~에'와 같은 뜻으로 쓰이는 글자이다.

樂 : 노래 악, 즐길 락(낙), 좋아할 요, 15획 ─────────────── 부수 : 木

갑골문을 보면 木(나무 목)에 絲(실 사)자가 합하여 이루어진 모습으로, '음악'이나 '즐겁다'라는 뜻을 가진 글자이다. 본래 나무판에 현을 묶은 악기를 손톱으로 연주한다는 것을 본뜬 글자에서 흥겨움으로 인해 '즐겁다(락)', '좋아한다(요)'는 의미로 파생되었다.

금슬지락 이렇게 표현해요

"아버지와 어머니는 화목한 부부의 삶을 살아가고 계시는 '금슬지락'의 모습에 모두 칭찬을 아끼지 않았다."

금상첨화
錦上添花

비단[錦] 위[上]에 꽃[花]을 더한다[添]

왕안석(王安石)은 자가 개보(介甫)인데 강서군 임강군에서 태어났다. 주의 부지사를 지낸 부친의 영향으로 면학 분위기에 집안은 항상 들떠 있었다. 이러한 영향은 그가 23세 때 과거에 급제하게 만들었으며, 벼슬길에 나선 후에는 지방 장관을 역임하였다.

당송팔대가로 문장이 뛰어났던 그는 가끔 한가한 여유를 틈타 한적한 곳을 찾아가 여흥을 즐겼는데, 그 당시에 지은 시가 바로 「즉사(卽事)」다. 그 시에 이런 구절이 있다.

좋은 모임에서 술잔을 거듭 비우려는 데
아름다운 노래는 비단 위에 꽃을 더한 듯하네
문득 무릉의 술과 안주를 즐기는 객이 되어
내 근원에 의당 붉은 노을이 적지 않으리

'금상첨화'는 여기에서 유래하였으며, 이후에는 좋은 일 위에 또 좋은 일이 더하여 더욱 좋게 되는 것을 비유적으로 표현할 때 쓰는 사자성어로 자리 잡았다.

錦上添花 좋은 일에 또 좋은 일이 더하여짐

錦 : 비단 금, 16획 ──────────────────── 부수 : 金

金(쇠 금)과 帛(비단 백)이 합하여 이루어진 모습이다. 여러 가지 색채로 무늬를 넣어 짠 비단을 의미하여 '비단'을 뜻하는 글자이다.

上 : 윗 상, 3획 ──────────────────── 부수 : 一

하늘을 뜻하기 위해 만든 지사문자(指事文字)로 '위'나 '앞', '이전'이라는 뜻을 가진 글자이다.

添 : 더할 첨, 11획 ──────────────────── 부수 : 氵

水(물 수)와 忝(더럽힐 첨)이 합하여 이루어진 모습으로, 보태어 더하다는 의미에서 '더하다', '보태다', '덧붙이다'라는 뜻을 가진 글자이다.

花 : 꽃 화, 7획 ──────────────────── 부수 : 艹

艹(풀 초)와 化(될 화)가 합하여 이루어진 모습으로, '꽃'이라는 뜻을 가진 글자이다. 풀이 변해서 무엇인가가 된다는 것은 곧, 꽃이 핌을 의미한다.

금상첨화 이렇게 표현해요

"탁월한 시험 점수에 이어 대학 입학이 확정되어, 그녀의 성공은 '금상첨화'였다."

기사회생
起死回生

죽은[死] 사람이 일어나[起] 다시[回] 살아난다[生]

좌구명(左丘明)이 저술한 『국어(國語)』의 「오어(嗚語)」편에는 다음과 같은 이야기가 실려 있다.

월왕 구천은 회계산 싸움에서 철천지원수였던 오왕 부차에게 패하자 머리를 조아리며 사죄를 청했다. 부차가 그의 목숨을 살려주자 은혜에 감사한 구천이 말했다.

"신을 살려 주신 것은 죽은 사람에게 살을 붙여 다시 세우는 것과 같습니다. 그 깊은 은혜를 어찌 잊을 수 있겠습니까!"

오왕 부차는 월나라에 대하여 죽은 사람을 되살려 백골에 살을 붙인 것 같은 큰 은혜를 베풀었던 것이다. 또한 진나라 정치가 여불위(呂不韋)가 『여씨춘추(呂氏春秋)』의 「별류(別類)」편에는 다음과 같은 이야기가 실려 있다.

노나라에 공손작이라는 사람이 있었는데, 어느 날 여러 사람들 앞에서 "나는 죽은 사람을 다시 살아나게 할 수 있다." 하고 자랑했다. 사람들이 궁금해 그 까닭을 물어보니 "나는 본래 반신불수를 고칠 수 있다. 그러므로 반신불수를 고치는 약을 배로 늘려서 사용하면 죽은 사람도 살려낼 것 아닌가?"라고 했다.

'기사회생'은 죽어가다가 살아났다는 뜻으로, 불가능해 보이는 상황에서도 희망을 잃지 않고 노력하면 역전할 수 있다는 뜻을 담고 있는 말이다.

起死回生 거의 죽을 뻔하다가 다시 살아난다는 뜻

起 : 일어날 기, 10획 ──────────────────────── 부수 : 走

走(달릴 주), 己(자기 기)가 합하여 이루어진 모습으로, '일어나다'나 '(일을)시작하다'라는
뜻을 가진 글자이다.

死 : 죽을 사, 6획 ──────────────────────── 부수 : 歹

歹(뼈 알)과 匕(비수 비)가 합하여 이루어진 모습이다. 뼈(歹)만 앙상하게 남아 있는 모습
과 匕(비수 비)는 손을 모으고 있는 사람을 그린 것으로, 누군가의 죽음을 애도 한다는
뜻으로, '죽음', '죽다'라는 뜻을 가지게 되었다.

回 : 돌아올 회, 6획 ──────────────────────── 부수 : 口

'돌다'나 '돌아오다'라는 뜻을 가진 글자이다. 回(돌아올 회)는 회오리치는 모습을 그린
상형문자이다.

生 : 날 생, 5획 ──────────────────────── 부수 : 生

갑골문을 보면 땅 위로 새싹이 돋아나는 모습을 본뜬 것으로, '나다'나 '낳다', '살다'라
는 뜻을 가진 글자이다.

기사회생 이렇게 표현해요

"그 회사는 자금난으로 부도 직전까지 갔으나, 직원들 노력 덕분에 '기사회생'하
여 안정을 되찾았다."

기인지우
杞人之憂

기[杞] 나라 사람의[人] [之] 걱정[憂]

주왕조(周王朝) 시대, 기나라에 쓸데없는 군걱정을 하는 사람이 있었다.

"만약 하늘이 무너지거나 땅이 꺼진다면 몸 둘 곳이 없지 않은가?"

그는 온갖 걱정 때문에, 밤에 잠도 못 이루고 음식도 제대로 먹지 못했다. '저러다 죽겠다.' 싶어, 걱정이 된 친구가 그에게 말했다.

"하늘은 기가 쌓였을 뿐이야. 그래서 기가 없는 곳은 없지. 우리가 몸을 굴신(屈伸: 굽힘과 폄)하고 호흡하는 것도, 늘 하늘 안에서 하고 있다네. 그런데 왜 하늘이 무너져 내린단 말인가?"

"하늘이 과연 기가 쌓인 것이라면, 일월성신(日月星辰: 해와 달과 별)이 떨어져 내릴 게 아닌가?"

"일월성신이란 것도 역시 쌓인 기속에서 빛나고 있는 것일 뿐이야. 설령 떨어져 내린다 해도 다칠 염려는 없다네."

"그럼 땅이 꺼지는 일은 없을까?"

"땅은 흙이 쌓였을 뿐이야. 그래서 사방에 흙이 없는 곳이 없지. 우리가 뛰고 구르는 것도 늘 땅 위에서 하고 있다네. 그런데 왜 땅이 꺼진단 말인가? 그러니 이젠 쓸데없는 군걱정은 하지 말게나."

이 말을 듣고서야 그는 비로소 마음을 놓았다고 한다.

'기인지우'는 일어날 가능성이 낮은 일을 걱정하기보다는 현재 우리가 해야 할 일에 집중하고, 긍정적인 마음으로 살아가야 한다는 교훈을 주는 말이다.

杞人之憂 쓸데없는 걱정과 근심

杞 : 구기자 기, 나라 이름 기, 7획 ──────────── 부수 : 木

木(나무 목)과 己(몸 기)가 합하여 이루어진 모습이다. 사람이 무릎을 꿇는 모습을 본뜬 것으로 '구기자', '나라 이름', '쟁기'를 뜻하는 글자이다.

人 : 사람 인, 2획 ──────────── 부수 : 人

팔을 지긋이 내리고 있는 사람을 본뜬 것으로 '사람'이나 '인간'이라는 뜻을 가진 글자이다. 人(인)이 부수로 쓰일 때는 주로 사람의 행동이나 신체의 모습, 성품과 관련된 의미를 전달하게 된다.

之 : 갈 지, 4획 ──────────── 부수 : 丿

갑골문자를 보면 발을 뜻하는 止(발 지)가 그려져 있는데 사람의 발을 그린 것으로 '가다'나 '~의', '~에'와 같은 뜻으로 쓰이는 글자이다.

憂 : 근심 우, 15획 ──────────── 부수 : 心

頁(머리 혈)과 冖(덮을 멱), 心(마음 심), 夊(올 치)가 합하여 이루어진 모습으로, '근심'이나 '걱정'이라는 뜻을 가진 글자이다. 面(면)의 변형인 '얼굴'에 마음이 근심스러움을 덮고 있어 느리게 걷고 있다는 의미에서 '근심'의 의미 생성되었다.

기인지우 이렇게 표현하자

"나는 인생의 이런저런 문제들 때문에 '기인지우' 같은 걱정을 멈출 수가 없었다."

기호지세
騎虎之勢

호랑이[虎]를 타고[騎] 달리는[之] 형세[勢]

삼국지의 주역들이 하나둘 역사의 전면에서 사라지고 천하는 위(魏)나라의 수중으로 들어갔다. 다시 위나라는 진(晉)으로 이어졌으며 오랑캐의 침공으로 진의 옛 땅은 오호(五胡)에 의해 점령되었고 이들은 추후 130년 동안이나 한민족에 대항하였다. 나라가 생겨나고 망하기가 여름날 팥죽 끓듯 한 이때를 5호 16국 시대라 하였으며, 이후 세월이 흘러 북방에서는 선비가 후위를 세웠고, 다시 동위, 서위, 북주 등으로 이어졌는데 이를 역사상 남북조 시대라 한다.

남북조 시대 최후의 왕조인 북주의 선제(宣帝)가 죽고 난 후 외척인 양견(楊堅, 훗날 수문제)이 재상이 되었다. 그는 평소에 한인이 이민족에게 점령당하고 있는 것을 비통하게 생각하여 한인의 천하를 다시 만들 야망을 키우고 있었는데, 양견이 정권을 빼앗아 나라를 세우니, 이것이 곧 수(隋)나라다.

그가 북주의 왕권을 탈취하기 위해 동분서주하고 있을 때 후에 독고황후가 될 그의 부인이 사람을 보내 이렇게 말을 전했다.

"지금 당신은 호랑이에 올라타 있는 기세이기 때문에 호랑이 등에 탄 사람은 중도에서 내릴 수 없는 것입니다. 끝까지 밀고 나가 목적을 달성하도록 하십시오."

아내의 말에 양견은 크게 고무되었고 수나라를 세우는 데 성공하였다.

'기호지세'는 시작한 일을 끝까지 책임지고, 어려움에 직면했을 때 포기하지 않고 최선을 다해 노력해야 한다는 교훈을 주는 말이다.

騎虎之勢 이미 시작한 일을 중도에서 그만둘 수 없음

騎 : 말 탈 기, 18획 —————————————————————— 부수 : 馬

馬(말 마)와 奇(기이할 기)가 합하여 이루어진 모습으로, '말을 타다', '걸터앉다'라는 뜻을
가진 글자이다.

虎 : 범 호, 8획 —————————————————————— 부수 : 虍

虍(호피 무늬 호)와 儿(어진 사람 인)이 합하여 이루어진 모습이다. 호랑이의 모양을 본뜬
것으로, ' 호랑이'나 '용맹스럽다'라는 뜻을 가진 글자이다.

之 : 갈 지, 4획 —————————————————————— 부수 : 丿

갑골문자를 보면 발을 뜻하는 止(발 지)가 그려져 있는데 사람의 발을 그린 것으로 '가
다'나 '~의', '~에'와 같은 뜻으로 쓰이는 글자이다.

勢 : 기세 세, 13획 —————————————————————— 부수 : 力

埶(심을 예)와 力(힘 력)이 합하여 이루어진 모습으로, '형세'나 '권세', '기세'라는 뜻을 가
진 글자이다.

기호지세 이렇게 표현하자

"계획했던 일들을 '기호지세'라 생각하고 잘 마무리 할 수 있도록 최선을 다해야
한다."

난형난제
難兄難弟
누가 형[兄]이고 동생[弟]인지 분간이 어려움[難]

누가 더 낫고 더 못한지 가려내기 어려운 경우에 사용되는 말이다. '양 상군자(梁上君子, 들보 위의 군자라는 뜻으로 도둑을 가리키는 말)'로 유명한 후한(後 漢)의 진식(陳寔)에게는 진기(陳紀)와 진심(陳諶)이라는 두 아들이 있었다.

어느 날 진식이 친구와 어디를 가기로 약속하고 기다렸으나 워낙 늦어 먼저 출발했는데, 늦게 온 친구가 진식을 욕하자 아들 진기가 "손님께서 아버지와 정오에 약속하시고 시간이 훨씬 지나 이제 오셨으니 누가 신의 를 저버린 것입니까? 그리고 자식 앞에서 그 아버지를 욕한다는 것은 예 의에 어긋난 일이 아닙니까?"라고 말했다.

친구는 어린것에게 책망당하는 순간 자기의 잘못을 뉘우치고 사과하 려 했으나 진기는 대문 안으로 들어간 뒤였다.

한번은 진기의 아들과 진심의 아들 사이(사촌)에 서로 자기 아버지의 공적과 덕행에 대해 논쟁을 벌이다가 결말이 나지 않자 할아버지인 진식 에게 판정을 내려줄 것을, 요구하게 되었다. 이때 진식은 "원방(진기)도 형 되기가 어렵고, 계방(진심)도 동생 되기가 어렵다."라고 말했다. 누가 더 나은 지 알 수 없다는 대답이었다.

'난형난제'는 사람 또는 두 사물이 서로 비슷하게 뛰어나서 우열을 가 리기 어려울 때 쓰이는 말이며, 서로를 존중하고 인정하는 마음을 담고 있는, 아름다운 말이기도 하다.

難兄難弟 서로 비슷비슷하여 우열을 가리기 어려움

難 : 어려울 난, 19획 ──────────────── 부수 : 隹

菫(진흙 근)과 隹(새 추)가 합하여 이루어진 모습으로, '어렵다', '꺼리다'라는 뜻을 가진 글자이다. 여자가 북을 치면서 전쟁을 알리는 모양으로, 어려움이 시작되었다는 의미인데, 후에 '女' 대신에 '隹(추)'를 사용하게 되었다.

兄 : 맏 형, 5획 ──────────────── 부수 : 儿

儿(어진사람 인)과 口(입 구)가 합하여 이루어진 모습으로, '형'이나 '맏이'라는 뜻을 가진 글자이다.

難 : 어려울 난, 19획 ──────────────── 부수 : 隹

菫(진흙 근)과 隹(새 추)가 합하여 이루어진 모습으로, '어렵다'나 '꺼리다'라는 뜻을 가진 글자이다. 여자가 북을 치면서 전쟁을 알리는 모양으로, 어려움이 시작되었다는 의미인데, 후에 '女' 대신에 '隹(추)'를 사용하게 되었다.

弟 : 아우 제, 7획 ──────────────── 부수 : 弓

'아우'나 '나이 어린 사람'이라는 뜻을 가진 글자며, 弓(활 궁)이 부수로 지정되어 있지만 '활'과는 아무 관계가 없다.

난형난제 이렇게 표현하자

"어제 경기에서 두 팀의 플레이는 '난형난제'의 경기를 보여주었다."

남가일몽
南柯一夢

남쪽[南] 나뭇가지[柯] 아래서 꾸는 한[一] 꿈[夢]

당나라 덕종 때에 광릉 지방에 순우분(淳于棼)이라는 사람이 있었다. 그의 집 남쪽에는 큰 느티나무가 있었는데 술에 취하면 이따금 고목이 만들어 주는 그늘에서 잠을 자곤 하였다.

하루는 친구들과 술을 마시고 잠이 들었는데 자줏빛 의복을 입은 사람이 나타났다. 그 사내는 땅속 나라 괴안국(槐安國) 사람이었다. 순우분이 따라가자 성문이 있고 현판에는「대괴안국」이라고 씌어 있었다.

성문이 열리고 몇 번이나 사람들이 오락가락 뛰어다니더니 마치 오래된 친구처럼 왕이 나와 반겼다. 이곳에서 국왕의 사위가 된 순우분은 남가지방에 내려가 정치에 힘을 써 그 고장을 살기좋게 만들었다.

바로 그 무렵에 단라국(檀羅國)의 군대가 쳐들어왔다. 나라에서는 순우분을 총사령관으로 삼아 막게 하였다. 적은 순우분을 깔보고 공격해 왔으나 여지없이, 참패당했다. 다시 중앙으로 올라온 순우분은 더욱 세력이 확장되었다. 위협을 느낀 왕은 그를 가두었다. 순우분은 이러는 와중에 깨어났다. 그리고는 느티나무 밑동을 파보았다. 거기에는 수많은, 개미들이 움직거리고 있었다.

'남가일몽'은 우리에게 현실의 소중함을 일깨워주는 말이며, 꿈속에서 얻는 만족감은 일시적일 뿐이며, 진정한 행복은 현실에서 노력하고 성취하는 데서 온다는 것을 기억해야 할 것이다.

南柯一夢 세상사 덧없는 꿈이나 부귀영화를 이르는 말

南 : 남녘 남, 9획 —————————————————————— 부수 : 十
'남녘'이나 '남쪽'이라는 뜻을 가진 글자이다. 南(남)은 악기로 사용하던 종의 일종을 그린 것이다.

柯 : 가지 가, 9획 —————————————————————— 부수 : 木
뜻을 나타내는 나무 목(木)과 음(音)을 나타내는 글자 可(가)가 합하여 이루어진 모습으로, '가지'를 뜻한다.

一 : 한 일, 1획 —————————————————————— 부수 : 一
'하나'나 '첫째', '오로지'라는 뜻을 가진 글자이다. 一(일)은 막대기를 옆으로 눕혀놓은 모습을 그린 것이다.

夢 : 꿈 몽, 14획 —————————————————————— 부수 : 夕
艹(풀 초), 目(눈 목), 冖(덮을 멱), 夕(저녁 석)이 합하여 이루어진 모습으로, '꿈'이나 '공상', '흐리멍덩하다'라는 뜻을 가진 글자이다.

남가일몽 이렇게 표현하자

"정부의 그 정책은 선심을 살 것처럼 보였지만, 실현 가능성이 없어 '남가일몽'에 불과했다."

77

남귤북지

南橘北枳

남쪽[南]의 귤나무[橘]를 북쪽[北]에 옮기면 탱자나무[枳]가 됨

옛날 제(齊)나라에 안영(晏嬰)이란 유명한 재상이 있었다. 안영의 이름을 들은 초(楚)나라의 임금은 자기 나라에 그를 초청했다. 온 천하(天下) 사람이 칭찬하는 안영을 놀려 주겠다는 타고난 심술 때문이었다. 초나라의 임금은 간단한 인사말을 나누기가 바쁘게 한 죄인을 불러 놓고 말했다.

"너는 어느 나라 사람이냐?"

"제나라 사람입니다."

"무슨 죄(罪)를 지었느냐?"

"절도죄를 지었습니다."

임금은 안영을 보고 말했다.

"제나라 사람은 원래 도둑질을 잘하는 모양이군요."

그러자, 안영은 태연하게 다음과 같이 대답했다.

"남쪽의 귤을 강(江) 북쪽으로 옮기면 탱자가 되고 마는 것은, 토질(土質) 때문입니다. 저 제나라 사람이 제나라에 있을 때는 도둑질이 무엇인지조차 모르고 있었는데, 초나라로 와서, 도둑질을 한 것을 보면 초나라의 풍토(風土)가 좋지 않은가 하옵니다."

초나라 왕은 그 기지(機智)와 태연함에 감복하여 안영에게 사과여 크게 잔치를 벌여 안녕을 환대했다.

'남귤북지'는 개인의 성격이나 능력이 선천적으로 결정되는 것이 아니라, 후천적인 환경에 따라 얼마든지 변화될 수 있다는 것을 강조하는 말입니다.

南橘北枳 환경에 따라 사람의 성격이나 능력이 달라질 수 있다는 것을 비유

南 : 남녘 남, 9획 ——————————————— 부수 : 十
악기로 사용하던 종의 일종을 그린 것이며, 종이 남쪽에 걸려있던 것에서 '남녘'이나 '남쪽'이라는 뜻을 가진 글자가 되었다.

橘 : 귤 귤, 16획 ——————————————— 부수 : 木
木(나무 목)과 矞(송곳질할 율)이 합하여 이루어진 모습으로, '귤'이란 뜻을 가진 글자이다.

北 : 북녘 북, 5획 ——————————————— 부수 : 匕
갑골문을 보면 두 사람이 서로 등을 맞댄 모습이 그려져 있었다. 그래서 北(북)의 본래 의미는 '등지다'나 '배후'였다. 그러나 후에 가옥의 형태가 남향으로 정착되면서 北(북)은 남향의 반대 방향이라는 의미에서 '북쪽'을 뜻하게 되었다.

枳 : 탱자 지, 탱자 기, 9획 ——————————— 부수 : 木
木(나무 목)과 只(다만 지)가 합하여 이루어진 모습으로 '탱자'를 뜻하는 글자이다.

남귤북지 이렇게 표현하자

"인간의 본성은 과연 선인가 악인가? 아니면 '남귤북지'라고 환경에 따라 결정되는 것일까?"

낭중지추
囊中之錐
주머니[囊] 속의[中] [之] 송곳[錐]

전국시대 말엽, 진나라의 공격을 받은 조나라 혜문왕은 동생이자 재상인 평원군을 초나라에 보내어 구원군을 청하기로 했다. 약 3천의 식객 중에서 문무의 덕을 겸비한 20명을 뽑아 수행원으로 데려가기로 조나라 왕과 약속했으나 식객 가운데서 19명은 뽑고 한 명의 인재를 못 찾고 있었다. 그런데 모수(毛遂)라는 자가 찾아와 스스로 자원했다.

평원군은 어이없다는 얼굴로 이렇게 물었다.

"그대는 내 집에 온 지 얼마나 되었소?"

"이제 3년이 됩니다."

"재능이 뛰어난 사람은 숨어 있어도 '주머니 속의 송곳(囊中之錐)' 끝이 밖으로 나오듯이 남의 눈에 드러나는 법이오. 그런데 내 집에 온 지 3년이나 되었다는 그대는 이제까지 단 한 번도 이름이 드러난 적이 없지 않소?"

"그것은 나리께서 이제까지 저를 단 한 번도 주머니 속에 넣어 주시지 않았기 때문이죠. 하지만 이번에 주머니 속에 넣어 주시기만 한다면 끝뿐 아니라 자루까지 드러내 보이겠습니다."

이 재치 있는 답변에 만족한 평원군은 모수(毛遂)를 20번째 수행원으로 뽑았다. 초나라에 도착한 평원군은 모수가 활약한 덕분에 국빈으로 환대받으면서 구원군도 쉽게 얻을 수 있었다고 한다.

'낭중지추'는 주머니 속에 든 송곳이라는 뜻으로 뛰어난 재능이나 능력을 가진 사람은 숨어 있어도 저절로 드러나는 것을 비유적으로 표현하는 말이다.

囊中之錐 재능이 뛰어난 사람은 숨어 있어도 저절로 남의 눈에 띄게 된다.

囊 : 주머니 낭, 22획 ──────────────────── 부수 : 口
뜻을 나타내는 口(입 구)와 음(音)을 나타내는 襄(양→낭)의 생략형(省略形)이 결합하여
이루어진 글자로, 자루 안에 물건을 넣은 것에서 '주머니', '자루' 의미가 생성되었다.

中 : 가운데 중, 4획 ──────────────────── 부수 : ㅣ
깃발의 가운데 태양이 걸려있는 모양을 본뜬 것으로, '가운데'나 '속', '안'이라는 뜻을 가
진 글자이다.

之 : 갈 지, 4획 ──────────────────── 부수 : ノ
갑골문자를 보면 발을 뜻하는 止(발 지)가 그려져 있는데 사람의 발을 그린 것으로 '가
다'나 '~의', '~에'와 같은 뜻으로 쓰이는 글자이다.

錐 : 송곳 추, 16획 ──────────────────── 부수 : 金
뜻을 나타내는 金(쇠 금)과 음(音)을 나타내는 동시에 가시 모양으로 '가늘다'의 뜻을 나
타내는 隹(추)로 이루어진 글자이다. 쇠붙이로 된 구멍 뚫는 도구인 '송곳' 의미하거나
화살촉으로도 본다.

낭중지추 이렇게 표현해요

"그는 언제나 자신의 능력을 숨기지 않는 '낭중지추'와 같은 인물이었다."

내우외환
內憂外患

안[內]과 밖[外]에서 일어나는 우환[憂][患]

기원전 579년. 송나라는 서문 밖에서 진나라와 초나라를 설득하여 맹약(盟約 : 맹세하여 맺은 굳은 약속)을 체결했다. 서로 불가침의 규약을 지킴으로써 평화를 도모하고 한쪽이 이를 어길 때는 나머지 두 나라가 연합하여 공격한다는 것이 골자였다. 화원이라는 대부가 조인한 지 3년 만에 맹약은 깨어졌다. 또 이듬해인 575년에는 진의 영공과 초의 공왕 사이에 마찰이 생겨 언릉(鄢陵)이라는 곳에 대치했다.

이 전투에서 초나라 공왕이 눈에 화살을 맞고 패주하더니 나라의 기세가 크게 꺾이는 비운을 맞이했다. 이러한 일이 있기 전 낙서(樂書)라는 이는 진나라에 항거하는 정나라를 치기 위해 동원령을 내렸다. 초나라와 일전불사를 외치자 범문자(范文子)가 반대했다.

'제후(諸侯)로 있는 자가 반란하면 이를 토벌함이 마땅한 것이지, 그를 돕게 되면 나라가 혼란해지는 법이다'라고 지적하면서 다음과 같은 이야기를 했다.

"성인이라면 안으로부터의 근심이나 밖으로부터의 재난을 견딜 수 있겠지만, 성인이 아닌 우리들에게는 밖으로부터의 재난이 없으면 반드시 안으로부터의 우환이 있을 것이오, 그러니 그것을 어찌 견딜 수 있겠소."

'내우외환'은 국가나 조직뿐만 아니라 개인의 삶에도 적용될 수 있는 말이다. 개인이 개인적인 문제와 외부로부터의 어려움에 동시에 직면했을 때 사용하거나 표현할 수 있는 말이다.

內憂外患 나라 안팎의 여러 어려운 일들과 근심거리

內 : 안 내, 4획 —————————————————— 부수 : 入

冂(멀 경)과 入(들 입)이 합하여 이루어진 모습이며, '안'이나 '속', '대궐'이라는 뜻을 가진 글자이다.

憂 : 근심 우, 15획 ———————————————— 부수 : 心

頁(머리 혈), 冖(덮을 멱), 心(마음 심), 夊(올 치)가 합하여 이루어진 모습이며, '근심'이나 '걱정'이라는 뜻을 가진 글자이다.

外 : 바깥 외, 5획 ——————————————————— 부수 : 夕

夕(저녁 석)과 卜(점 복)이 합하여 이루어진 모습이며, '바깥'이나 '겉', '표면'을 뜻하는 글자이다.

患 : 근심 환, 11획 ————————————————— 부수 : 心

串(꿸 관)과 心(마음 심)이 합하여 이루어졌으며, 심장을 꿰뚫는 듯한 모습을 본뜬 모습으로. '근심'이나 '걱정', '질병'이라는 뜻을 가진 글자이다.

내우외환 이렇게 표현하자

"정부가 내부적으로는 높은 실업률을 해결해야 하고, 외부적으로는 경제 제재를 받고 있어, '내우외환'의 문제를 해결해야 한다."

노마지지
老馬之智
늙은[老] 말[馬]의 지혜[智]

춘추시대, 오패(伍霸)의 한 사람이었던 제나라 환공(桓公) 때의 일이다. 어느 해 봄, 환공은 명재상 관중(管仲)과 대부 습붕(隰朋)을 데리고 고죽국(孤竹國)을 정벌하러 나섰다. 그런데 전쟁이 의외로 길어지는 바람에 그해 겨울에야 끝이 났다. 그래서 혹한 속에 지름길을 찾아 귀국하다가 길을 잃고 말았다. 전군이 진퇴양난에 빠져 떨고 있을 때 관중이 말했다.

"이런 때 '늙은 말의 지혜(老馬之智)'가 필요하다."

즉시 늙은 말 한 마리를 풀어 놓았다. 그리고 전군이 그 뒤를 따라 행군한 지 얼마 안 되어 큰길이 나타났다. 또 한 번은 산길을 행군하다가 식수가 떨어져 전군이 갈증에 시달렸다. 그러자 이번에는 습붕이 말했다.

"개미란 원래 여름엔 산 북쪽에 집을 짓지만, 겨울엔 산 남쪽 양지바른 곳에 집을 짓고 산다. 흙이 한 치쯤 쌓인 개미집이 있으면 그 땅속 일곱 자쯤 되는 곳에 물이 있는 법이다."

군사들이 산을 뒤져 개미집을 찾은 다음 그곳을 파 내려가자 과연 물이 솟아났다.

이 이야기에 이어 한비자(韓非子)는 그의 저서 《한비자》에서 이렇게 쓰고 있다.

"관중의 총명과 습붕의 지혜로도 모르는 것은 늙은 말과 개미를 스승으로 삼아 배웠다. 그러나 그것을 수치로 여기지 않았다. 그런데 오늘날 사람들은 자신이 어리석음에도 성현의 지혜를 스승으로 삼아 배우려 하지 않는다."

老馬之智 연륜이 깊은 사람에게는 어려움을 헤쳐 나갈 지혜가 있음

老 : 늙을 노(로), 6획 ──────────────── 부수 : 老

갑골문을 보면 머리가 헝클어진 노인이 지팡이를 짚고 있는 모습이 그려져 있으며, 예로부터 오랜 경험을 가진 노인은 공경과 배움의 대상이었다. 그래서 '늙다', '익숙하다', '쇠약하다', '공경하다'라는 뜻을 가진 글자가 되었다.

馬 : 말 마, 10획 ──────────────── 부수 : 馬

갑골문을 보면 '말'의 모양을 본뜬 모습으로, 말의 특징을 표현하기 위해 큰 눈과 갈기가 함께 그려져 있으며, '말'을 뜻하는 글자이다.

之 : 갈 지, 4획 ──────────────── 부수 : 丿

갑골문자를 보면 발을 뜻하는 止(발 지)가 그려져 있는데 사람의 발을 그린 것으로 '가다'나 '~의', '~에'와 같은 뜻으로 쓰이는 글자이다.

智 : 슬기 지, 지혜 지, 12획 ──────────────── 부수 : 日

日(날 일)과 知(알 지)가 합하여 이루어진 모습으로, "아는 것이 많아 말함에 거침이 없다"라는 의미에서 '슬기'나 '지혜', '재능'이라는 뜻을 가진 글자가 되었다.

노마지지 이렇게 표현하자

"나이 먹은 사람들한테서는 '노마지지'의 지혜를 배울 수가 있기 때문에 늘 경청하는 마음의 자세를 갖춰야 한다."

논공행상
論功行賞

공[功]을 논하여[論] 상[賞]을 내림[行]

위(魏)나라의 2대왕 문제(文帝)는 한황실을 무너뜨리고 일종의 선위 형식을 빌어 천자에 올랐다. 그러나 이 당시는 삼국통일을 이룩하여 천자가 된 것이 아닌 삼국정립(三國鼎立)의 상태였다.

그런데 황태자 조예(曹叡)는 변변치 못한 인물이었다. 그러므로 문제는 죽기 전에 맹장인 조진과 조휴, 또 유교에 밝은 진군, 백전노장 사마의에게 자신의 사후의 일 처리를 부탁했다.

이로부터 3개월 후. 오나라의 손권이 스스로 군대를 이끌고 강하군을 공격하고, 제갈근과 장패 등이 양양 땅을 공격했다.

이때 강하에서는 태수 문빙이 손권을 격퇴시키고, 양양은 사마의가 오군을 격파하여 장패의 목을 베었다. 그런가 하면 조휴는 심양에서 오나라의 별장을 깨뜨리는 공을 세운다.

그러므로 명제는 장수들의 공적을 조사하여 상을 주었는데(論功行賞) '그 공에 따라 행하였다'고 기록되어 있다.

'논공행상'은 공정하고 객관적인 기준으로 사람들을 평가해야 한다는 것을 강조하며, 개인의 노력과 성과를 인정하고 보상하는 것이 중요하다는 것을 의미하기도 한다.

論功行賞 공이 있고 없음을 따져 거기에 알맞은 상을 줌.

論 : 논할 논, 15획 ——————————————————— 부수 : 言

言(말씀 언)과 侖(둥글 륜)이 합하여 이루어진 모습이며, '논하다'나 '논의하다'라는 뜻을 가진 글자이다.

功 : 공 공, 5획 ——————————————————— 부수 : 力

工(장인 공)과 力(힘 력)이 합하여 이루어진 모습으로, 힘써 일한 결과가 나타난 것으로 '공적'을 의미하여 '공로'나 '업적', '사업'이라는 뜻을 가진 글자가 되었다.

行 : 다닐 행, 6획 ——————————————————— 부수 : 行

彳(조금 걸을 척)과 亍(자축거릴 촉)이 합하여 이루어진 모습이다. 行(행)은 네 방향으로 갈라진 사거리를 그린 것으로, 다니다', '가다', '돌다'라는 뜻을 가진 글자이다.

賞 : 상줄 상, 15획 ——————————————————— 부수 : 貝

尚(오히려 상)과 貝(조개 패)가 합하여 이루어진 모습이며, '상을 주다', '증여하다'라는 뜻을 가진 글자이다.

논공행상 이렇게 표현하자

"회사에서는 '논공행상'의 원칙을 따라 연말에 성과를 평가하고 상여금을 배분한다."

누란지위
累卵之危
계란[卵]을 쌓아 올린[累] 것 같은 위태로움[危]

위(魏)나라의 범수(范雎)가 중대부인 수가(須賈)의 부하로 있을 때였다. 수가의 종자로 제(齊)나라에 간적이 있었다. 제나라에서는 수가보다는 오히려 범수의 재능을 인정하자, 그 바람에 소견이 좁은 수하의 모함을 받아 죽을 처지에 빠졌다.

이때 위나라를 다녀와 진나라로 돌아가는 왕계(王季)라는 사신의 도움을 받아 장록(張祿)이라는 이름으로 진나라에 망명하게 되었다. 당시에 왕계는 진왕에게 말했다.

"위나라에서 온 장록 선생은 사세 파악에 혜안을 가지신 분입니다. 그분께서는 진나라는 계란을 쌓아 놓은 것보다 위태롭다(累卵之危)고 합니다. 만약 진나라가 자신을 받아들인다면 평안을 유지할 수 있다는 것입니다. 이런 내용을 알릴 수 없기에 신이 모시고 왔습니다."

이렇게 하여 범수는 훗날에 '원교근공(먼 나라와 친교를 맺고 이웃 나라를 공략하는 일)'이라는 계책을 진언하는 등 크게 활약하고 매우 영민한 정책을 두루 펼쳐 진나라를 튼실하고 평화롭게 만들었다고 한다.

'누란지위'는 우리에게 위험을 인지하고 이를 극복하기 위해 노력해야 한다는 것을 강조하며, 작은 실수도 큰 문제를 불러일으킬 수 있으므로 주의해야 한다는 교훈을 주는 말이다.

累卵之危 조금만 건드려도 무너져 깨질 것 같은 위험한 상태

累 : 여러 누(루), 11획 ──────────────────────────── 부수 : 糸

田(밭 전)과 糸(가는 실 사)가 합하여 이루어진 모습으로, 포개어 쌓았다는 의미거나, 실로 물건을 묶는 모양을 의미하여 '묶다'나 '여러', '자주'라는 뜻을 가진 글자가 되었다.

卵 : 알 란(난), 7획 ──────────────────────────── 부수 : 卩

두 개의 물고기알의 모습을 본뜬 글자로 '알'이나 '고환', '굵다'라는 뜻을 가진 글자이다. 닭 따위 새의 알의 뜻으로 쓰이지만, 본디는 물고기나 개구리의 알과 같이 얽혀 있는 모양의 것이라고도 한다.

之 : 갈 지, 4획 ──────────────────────────── 부수 : 丿

갑골문자를 보면 발을 뜻하는 止(발 지)가 그려져 있는데 사람의 발을 그린 것으로 '가다'나 '~의', '~에'와 같은 뜻으로 쓰이는 글자이다.

危 : 위태할 위, 6획 ──────────────────────────── 부수 : 卩

厄(재앙 액)과 人(사람 인)이 합하여 이루어진 모습으로, 사람이 벼랑 위에 위태롭게 서 있는 모양을 본떠 '위태롭다'나 '불안하다'라는 뜻을 가진 글자가 되었다.

누란지위 이렇게 표현하자

"지금 우리 회사는 창립 이래 최고로 번성한 시기로 여겨지지만 조금만 앞을 내다본다면 '누란지위'에 처해 있기도 하다"

다기망양
多岐亡羊

갈림길[岐]이 많아[多] 양[羊]을 잃다[亡]

어느 날 양자(揚子)의 이웃집 양 한 마리가 달아났다. 그래서 그 집 사람들은 물론 양자네 집 하인들까지 청해서 양을 찾아 나섰다. 하도 소란스러워서 양자가 물었다. "양 한 마리 찾는 데 왜 그리 많은 사람이 나섰느냐?"

양자의 하인이 대답했다. "예, 양이 달아난 그쪽에는 갈림길이 많기 때문입니다."

얼마 후 모두들 지쳐서 돌아왔다. "그래, 양은 찾았느냐?"

"갈림길이 하도 많아서 양이 어디로 달아났는지 알 길이 없어 그냥 되돌아오고 말았습니다." 이 말을 듣자 양자는 우울한 얼굴로 하루종일 아무 말도 안 했다. 제자들이 그 까닭을 물어도 대답조차 하지 않았다.

그러던 어느 날, 한 현명한 제자가 선배를 찾아가 사실을 말하고 스승인 양자가 침묵하는 까닭을 물었다. 그 선배는 이렇게 대답했다.

"선생님은 '큰길에는 갈림길이 많았기 때문에 양을 잃어버리고 학자는 다방면으로 배우기 때문에 본성을 잃는다. 학문이란 원래 근본은 하나였는데 그 끝에 와서 이같이 달라지고 말았다. 그러므로 하나인 근본으로 되돌아가면 얻는 것도 잃는 것도 없다'고 생각하시고 그렇지 못한 현실을 안타까워하시는 것이라네"

'다기망양'은 학문의 길이 여러 갈래로 갈려 진리를 얻기 어렵다는 뜻도 있지만, 방향이 너무 많아서 어디로 가야 할지 모르고 결국 목표를 잃어버리는 것을 비유하기도 한다.

多岐亡羊 학문의 길이 여러 갈래로 갈려 진리를 얻기 어려움

多 : 많을 다, 6획 ──────────────────────── 부수 : 夕

夕(저녁 석)과 夕(저녁 석)이 합하여 이루어진 모습이다. 고기(肉)가 쌓여있는 모습을 그린 것으로 '많다'라는 뜻을 갖게 된 글자이다.

岐 : 갈림길 기, 7획 ──────────────────────── 부수 : 山

山(메 산)과 支(지탱할 지)가 합하여 이루어진 모습으로, 길이 갈라지는 것을 의미하여 '갈림길'이라는 뜻을 가진 글자가 되었다.

亡 : 망할 망, 없을 무, 3획 ──────────────────── 부수 : 亠

전쟁에서 패배하여 칼이 부러진 모양을 표현한 것으로 '죽다', '잃다', '망하다', '도망가다'라는 뜻을 가진 글자가 되었다. 亠(돼지해머리 두)가 부수로 지정되어 있지만, 돼지머리와는 관계가 없다.

羊 : 양 양, 6획 ──────────────────────── 부수 : 羊

'양'이나 '상서롭다'라는 뜻을 가진 글자로, 양의 머리를 정면에서 바라본 모습을 그린 것으로 구부러진 뿔이 특징되어 있다.

다기망양 이렇게 표현하자

"정부의 다양한 정책들이 '다기망양' 상황을 만들어 내고, 국민은 어떤 것을 우선시해야 할지 혼란스러워했다."

다다익선

多多益善

많으면[多] 더[益] 좋음[善]

한(漢)나라 고조(高祖) 유방(劉邦)은 명장으로 천하통일의 일등 공신인 초왕(楚王) 한신을 위험한 존재로 여겼다. 그래서 계략을 써서 그를 포박한 후 회음후(淮陰侯)로 좌천시키고 도읍인 장안(長安)에서 벗어나지 못하게 했다. 어느 날, 한나라 고조는 여러 장군의 능력에 대해 한신과 이야기를 나누던 끝에 그에게 이렇게 물었다.

"과인은 몇만의 군사를 통솔할 수 있는 장수감이라고 생각하오?"

"아뢰옵기 황공하오나 폐하께서는 한 10만쯤 거느릴 수 있으실 것으로 생각하나이다."

"그렇다면 그대는?"

"네, 신은 다다익선(多多益善)이옵니다."

"다다익선? 하하하!" 고조가 한바탕 웃고 나서 물었다.

"다다익선이라면, 그대는 어찌하여 10만의 장수에 불과한 과인의 포로가 되었는고?"

한신이 이렇게 대답했다. "하오나 폐하, 그것은 별개의 문제이옵니다. 폐하께서는 병사의 장수가 아니오라 장수의 장수이옵니다. 이것이 신이 폐하의 포로가 된 이유 전부이옵니다."

'다다익선'은 군사의 통솔 능력을 뜻했지만, 오늘날에는 많으면 많을수록 좋다는 의미로 쓰이고 있다.

多多益善 많으면 많을수록 좋다는 뜻

多 : 많을 다, 6획 ──────────────────────────── 부수 : 夕

夕(저녁 석)과 夕(저녁 석)이 합하여 이루어진 모습이다. 고기(肉)가 쌓여있는 모습을 그린 것으로 '많다'라는 뜻을 갖게 된 글자이다.

多 : 많을 다, 6획 ──────────────────────────── 부수 : 夕

夕(저녁 석)과 夕(저녁 석)이 합하여 이루어진 모습이다. 고기(肉)가 쌓여있는 모습을 그린 것으로 '많다'라는 뜻을 갖게 된 글자이다.

益 : 더할 익, 넘칠 일, 10획 ──────────────────── 부수 : 皿

皿(그릇 명)과 水(물 수)가 합하여 이루어진 모습이다. 본래 그릇에 물을 부은 모양을 의미해서 '더하다'는 의미가 생성되었고, 후에 '이득'의 의미까지 파생되었다. '더하다'나 '유익하다'라고 할 때는 '익'이라 하고 '넘치다'라고 할 때는 '일'로 발음한다.

善 : 착할 선, 좋게 여길 선, 12획 ──────────────── 부수 : 口

口(입 구)와 羊(양 양), 艹(초두머리 초)가 합하여 이루어진 모습으로, 선한 사람을 일컬어 사슴 같은 눈망울을 가졌다고 의미에서 '착하다', '사이좋다'라는 뜻을 가지게 되었다.

다다익선 이렇게 표현하자

"친구들과 함께 여행을 간다는 것은 '다다익선'이라 생각해서 이번 여행에도 많은 친구와 함께합니다."

단기지계
斷機之戒

~~~~~~~~~~~~~~~~~~~~
짜던 베[機] 끊어[斷] 버림을[之] 경계[戒]함

맹자(孟子)는 어머니의 지극한 교육열에 힘입어 학문을 배우고자 유학을 떠나게 되었다. 그러나 그는 학문을 배우기 시작한 지 얼마 되지 않아 학문을 그만두겠다고 집으로 돌아왔다. 일찍 홀로 되어 가난한 살림에 쪼들리면서도 자식을 올바로 키우기 위해 이사를 세 번이나 했고, 어느 정도 커서 유학을 보냈는데 오래지 않아 중도에 집으로 돌아왔으니 맹자의 어머니는 어처구니가 없었다. 그래서 아들에게 조용히 물었다.

"공부는 다 마쳤느냐?"

맹자는 어머니께 대답했다.

"끝내다니요. 어머니가 뵙고 싶어 잠시 돌아왔습니다."

어머니는 아무 말 없이 옆에 있는 칼을 집어, 짜고 있던 베를 잘라 버렸다. 그러자 맹자는 깜짝 놀라며 "어떻게 된 일입니까, 어머니?"라고 소리쳤다. 어머니는 깜짝 놀란 맹자를 보며 말했다.

"네가 공부를 도중에 그만둔 것은 내가 짜던 베를 다 마치지 못하고 끊어버리는 것과 같다."

맹자는 눈앞의 광경과 어머니의 말씀에 크게 깨닫고 다시 돌아가 학문에 전념하였으며 마침내 공자 다음가는 성인이 될 수 있었다.

'단기지계'는 끈기와 노력의 중요함을 강조하는 말이며, 목표를 달성하기 위해서는 끝까지 포기하지 않고 꾸준히 노력해야 한다는 것을 표현한 말이다.

斷機之戒 학문을 중도에서 그만두면 아무 쓸모가 없음을 이르는 말

斷 : 끊을 단, 18획 ─────────────────────── 부수 : 斤

𢇍(이을 계)와 斤(도끼 근)이 합하여 이루어진 모습이다. 도끼로 실타래를 자르는 의미에서 '끊다'나 '결단하다'라는 뜻을 가진 글자이다.

機 : 베틀 기, 16획 ─────────────────────── 부수 : 木

木(나무 목)과 幾(몇 기)가 합해진 모습으로 '기계', '베틀', '기회'라는 뜻을 가진 글자이다. 본래 옷감을 짜는 '베틀'의 의미를 지닌 글자로, 후에 일의 상황이라는 '기회', '때'의 의미와 함께 현대에는 '기계'의 뜻으로도 사용되고 있다.

之 : 갈 지, 4획 ─────────────────────── 부수 : 丿

갑골문자를 보면 발을 뜻하는 止(발 지)가 그려져 있는데 사람의 발을 그린 것으로 '가다'나 '~의', '~에'와 같은 뜻으로 쓰이는 글자이다.

戒 : 경계할 계, 7획 ─────────────────────── 부수 : 戈

戈(창 과)과 廾(두손 받들 공)이 합하여 이루어진 모습으로. 창을 들고 주위를 경계한다는 의미에서 '경계하다', '경비하다'라는 뜻을 가진 글자가 되었다.

단기지계 이렇게 표현하자

"지금 어려운 시기일지라도 '단기지계'의 마음가짐으로 끈기를 발휘하면 반드시 이겨 낼 수 있습니다."

대기만성
大器晩成

큰[大] 그릇[器]은 늦게[晩] 이루어진다[成]

삼국시대 위나라에 최염(崔琰)이라는 장수가 있었다. 그는 한눈에 대인의 기품이 있는 산동성 태생의 호걸이었다.

이 최염에게는 최림(崔林)이라는 사촌 동생이 있었다. 그는 젊었을 때 외모도 빈약하고 출세가 늦어 주위로부터 업신여김을 받았다. 그때마다 최염은 동생의 됨됨이를 알고 도와주었다.

최염은 사촌 동생에게 "큰 종이나 그릇은 쉽게 만들어지는 게 아니다. 너 역시 큰 그릇이나 종처럼 오랜 시간이 걸려 만들어질 것이니 좌절하지 말고 열심히 노력하거라."라고 격려의 말을 전했다. 최염의 예측대로 최림은 훗날 괄목상대할 정도로 성공하여 삼공의 자리에 올라 황제를 보필하였다.

사람의 능력은 보통 그릇에 비유하게 된다. 그릇이 큰 사람은 많은 것을 가지고 있고, 또 가질 수 있는 사람이고, 그릇이 작은 사람은 그 반대로 작을 수밖에 없다.

'대기만성'은 이러한 큰 그릇을 만드는 데 시간이 걸린다는 말로, 큰 사람이 되기 위해서는 많은 노력과 인고의 시간이 필요하다는 뜻이다.

大器晚成 크게 될 사람은 늦게 이루어짐을 이르는 말

大 : 큰 대, 3획 ──────────────────── 부수 : 大

'크다'나 '높다', '많다', '심하다'와 같은 다양한 뜻으로 쓰이는 글자이며 갑골문자를 보면 大는 양팔을 벌리고 있는 사람이 그려져 '크다'라는 뜻을 표현한 것이다.

器 : 그릇 기, 16획 ──────────────────── 부수 : 口

犬(개 견)과 네 개의 口(입 구)가 합하여 이루어진 모습으로, '그릇'이나 '접시', '도구'라는 뜻을 가진 글자이다. 개가 주변 그릇을 지키는 모습이나 개고기를 담은 그릇을 의미한다.

晚 : 늦을 만, 11획 ──────────────────── 부수 : 日

日(해 일)과 免(면할 면)이 합하여 이루어진 모습으로, '늦다', '쇠하다', '(해가)저물다'라는 뜻을 가진 글자이다. 해가 저물어 가는 시기의 의미에서 '늦다'는 의미가 생성되었다.

成 : 이룰 성, 7획 ──────────────────── 부수 : 戈

戊(창 모)와 丁(못 정)이 합하여 이루어진 모습으로, 충실하고 성하게 이루어져 간다는 의미에서 '이루다', '갖추어지다', '완성되다'라는 뜻을 가진 글자이다.

대기만성 이렇게 표현하자

"너의 능력을 발휘하는 데 시간이 좀 더 걸릴지 몰라도, 결국에는 '대기만성'으로 큰 성공을 거둘 것이다."

도청도설
道聽塗說

길거리[道] [塗]에서 들려오는[聽] 말들[說]

공자는 『논어(論語)』의 '양화편(陽貨篇)'에서 다음과 같이 말했다.

"길에서 어떤 말을 들었을 때 그것을 자신의 마음속에 넣어 수양의 양식으로 삼아야 한다. 그것을 길에서 다 지껄여버리는 것은 결코 도움이 되지 않는다. 좋은 말은 마음에 잘 간직해 두었다가 자기 것으로 삼아야 덕을 쌓을 수 있다."

또한 『순자(荀子)』의 '권학편(勸學篇)'에서는 다음과 같이 말한다.

"소인의 학문은 귀로 들으면 입으로 빠져나간다."

군자의 학문은 묻지도 않는 것에 대해 수다를 절대 떨지 않으며, 아무리 많은 지식을 갖춰도 인격이 우선되지 않으면 그 지식은 오히려 자신에게 해가 될 수도 있다는 말이다.

옛날 사람들은 배운 학문을 자기 것으로 만들려고 대단히 노력했다. 그러나 요즘 사람들은 입으로 중언부언 지껄여버린다. 그것은 마치 허공에 삿대질하는 것처럼 불필요한 것이며, 그것이 어찌 학문이겠는가.

'도청도설'은 길거리에서 떠도는 소문을 다른 사람에게 이야기하는 것을 의미하는 성어로, 현대 사회에서도 여전히 문제가 되고 있다. 인터넷과 소셜 미디어의 발달로 인해 확인되지 않는 정보가 빠르게 퍼질 수 있기에, 항상 진위 여부를 확인하는 것이 중요하다.

道聽塗說 설들은 말을 곧바로 다른 사람에게 옮김

道 : 길 도, 13획 ──────────── 부수 : 辶
辶(쉬엄쉬엄 갈 착)과 首(머리 수)가 합하여 이루어진 모습으로, '길'이나 '도리', '이치'라는 뜻을 가진 글자이다. 首(수)는 신체의 윗부분으로 궁극적으로 가서 닿는 곳이라서 '辶(갈 착)'을 더해, 걸어가는 '길'의 의미가 생성되었다.

聽 : 들을 청, 22획 ──────────── 부수 : 耳
耳(귀 이)와 壬(천간 임), 悳(덕 덕)이 합하여 이루어진 모습으로, '듣다', '받아들인다'라는 뜻을 가진 글자이다. 갑골문에서는 耳(이)에 두 개의 口(입 구)만이 그려져 있었다. 이것은 누군가의 말을 열심히 듣고 있는 모습을 표현한 것이다.

塗 : 진흙 도, 13획 ──────────── 부수 : 土
辶(쉬엄쉬엄 갈 착)과 余(나 여)가 합하여 이루어진 모습으로, 걸어다니는 길과 도로를 의미하여 '길'이나 '도로'라는 뜻을 가진 글자가 되었다.

說 : 말씀 설, 14획 ──────────── 부수 : 言
言(말씀 언)과 兌(기쁠 태)가 합하여 이루어진 모습으로, 자세히 풀어서 하는 이야기를 의미하여 '말씀'이나 '이야기하다'라는 뜻을 가지게 되었다.

도청도설 이렇게 표현하자

"그 사람이 거액의 뇌물을 받았다는 말을 믿고 모든 사람은 그를 비난했다. 하지만 재판과정에서 그것은 단순한 '도청도설'이었음이 밝혀졌다."

도탄지고
塗炭之苦

진흙[塗]에 빠지고 숯불[炭]에[之] 타는 고통[苦]

하(夏)나라의 걸왕(桀王)과 은나라의 주왕(紂王)은 역사적으로 가장 황음무도한 혼군(昏君 : 사리에 어둡고 어리석은 임금) 이었다고 기록하고 있다. 그들은 백성들을 학정으로 몰아넣었다. 그 이유는 한결같이 여인들 때문이었다. 걸왕은 '시매희'를, 주왕은 '달기'를 총애하여 주지육림(호사스러운 술잔치)과 포락지형(뜨겁게 달군 쇠로 살을 지지는 형벌)을 즐기며 백성들을 괴롭힌 것이다.

하나라의 마지막 임금인 걸왕을 타도한 것은 은나라의 탕왕이다. 탕왕은 반란을 일으킬 때마다 병사들에게 소리쳤다.

"지금 천하 만민은 도탄에 빠져 있다!"

걸왕의 죄가 커 하늘이 그를 치게 한 것이라고 목청을 돋웠다. 병사들을 이끌고 걸왕을 공벌한 탕왕은 고향 박(亳) 땅에 돌아왔을 때 제후들을 모아놓고 일장 연설을 한다.

"걸왕은 덕을 더욱 멀리하고 거칠고 사나운 기세로 백성들을 괴롭혔다. 백성들은 흉측한 해를 입어 그 쓰라림은 차마 말로 표현할 수 없을 정도였다. 하늘의 도는 무심치 않아 선한 자에게 복을 주고 악한 자에게는 벌을 내린다. 그러므로 이제 하늘은 무도한 걸왕에게 재앙을 내려 그의 죄를 밝힌 것이다."

'도탄지고'는 진흙과 숯불에 빠진 것처럼, 고통스러운 상황을 표현하는 데 쓰이는 말이며, 어떤 어려움에도 희망을 버리지 않고 극복해 나가기를 바란다.

塗炭之苦 백성들이 심한 고통 속에 빠져 있음.

塗 : 진흙 도, 13획 ──────────────────────────── 부수 : 土

土(흙 토)와 涂(칠할 도)가 합하여 이루어진 모습으로, '진흙', '길', '칠하다'라는 뜻을 가진 글자이다. 본래 강 이름을 뜻하기 위해 만든 글자였지만, 강 주변에 진흙이 많았는지 후에 '진흙'을 뜻하게 되었다.

炭 : 숯 탄, 9획 ──────────────────────────── 부수 : 火

나무가 있는 산(山)과 기슭(厂), 그리고 불(火)을 결합해 숯이 처음 만들어졌던 장소를 표현한 모습으로, '숯', '목탄', '석탄'이라는 뜻을 가진 글자이다.

之 : 갈 지, 4획 ──────────────────────────── 부수 : 丿

갑골문자를 보면 발을 뜻하는 止(발 지)가 그려져 있는데 사람의 발을 그린 것으로 '가다'나 '~의', '~에'와 같은 뜻으로 쓰이는 글자이다.

苦 : 쓸 고, 9획 ──────────────────────────── 부수 : 艹

艹(풀 초)와 古(옛 고)가 합하여 이루어진 모습으로, 약초의 쓴맛을 의미하는 '쓰다'의 뜻을 가진 글자이다. 후에는 '괴롭다'라는 의미까지 파생되었다.

도탄지고 이렇게 표현하자

"연속적인 태풍은 그 지역의 농민들을 '도탄지고'의 절박한 상황으로 만들었다."

동병상련
同病相憐

같은[同] 병을[病] 앓아 서로[相] 불쌍히[憐] 여김

오나라의 오자서(鳴子胥)는 아버지와 형이 역적의 누명을 쓰고 죽음에 이르자 갖은 고생 끝에 초나라를 도망쳐 오나라로 망명한 인물이다. 오자서는 오나라의 공자 광(光)이 왕이 되려는 야심을 가지고 있음을 알고 그에게 자객 전제(專諸)를 소개해 주었다. 광은 전제를 시켜 오왕 요(僚)를 죽이고 왕위에 올랐는데, 그가 바로 춘추오패의 한 사람인 합려(闔廬)이다. 합려는 오자서를 대부로 임명하고 더불어 국사를 논했다. 마침 그때 비무기(費無忌)의 모함으로 초나라의 대신 백주리(伯州犁) 부자가 주살을 당하자 손자인 백비(伯嚭)가 오나라로 망명해 왔다. 오자서는 합려에게 그를 추천했고, 합려는 백비를 대부에 임명했다. 합려는 백비를 환영하는 연회를 베풀었는데, 백비를 탐탁하지 않게 생각하던 대부 피리(被離)가 오자서에게 말했다.

"백비의 눈길은 매와 같고 걸음걸이는 호랑이와 같으니, 눈 하나 깜짝하지 않고 살인을 저지를 성품입니다. 친하게 지내서는 안 됩니다."

오자서가 대답했다.

"그것은 그와 내가 같은 원한을 가지고 있기 때문입니다. '같은 병을 앓으니 서로 불쌍히 여기고, 같은 걱정이 있으니 서로 구해 주네.'라는 말이 있듯이 나와 처지가 비슷한 백비를 돕는 것은 인지상정 아니겠소?"

이처럼 오자서는 백비를 도와주었지만, 훗날 백비는 월나라에 매수당해, 오나라 멸망의 결정적인 원인을 제공했으며, 오자서는 백비의 모함에 빠져 억울하게 죽고 말았다.

同病相憐 어려운 처지에 있는 사람끼리 서로 헤아리며 동정하는 마음

同 ː 한 가지 동, 6획 ─────────────────────── 부수 : 口

凡(무릇 범)과 口(입 구)가 합하여 이루어진 모습으로, '한 가지'나 '같다', '함께'라는 뜻을 가진 글자이다.

病 ː 병 병, 10획 ─────────────────────── 부수 : 疒

疒(병들 녁)과 丙(남녘 병)이 합하여 이루어진 모습으로, '질병'이나 '근심', '앓다'라는 뜻을 가진 글자이다.

相 ː 서로 상, 9획 ─────────────────────── 부수 : 目

木(나무 목)과 目(눈 목)이 합하여 이루어진 모습으로, '서로'나 '모양', '가리다'라는 뜻을 가진 글자이다. 나무에 올라가서 눈으로 먼 곳을 본다는 의미에서 '보다'는 뜻이 생성되었으며, 후에 함께 본다는 것에서 '서로'와 보고 돕는다는 것에서 '돕다'라는 뜻을 가지게 되었다.

憐 ː 불쌍히 여길 련, 15획 ─────────────────── 부수 : 忄

心(마음 심)과 粦(도깨비불 린)이 결합한 모습이며, '불쌍히 여기다'나 '가엾게 여기다'라는 뜻을 가진 글자이다.

동병상련 이렇게 표현하자

"나도 이번 시험을 못 봤는데 너도 마찬가지라니, 우린 '동병상련'이구나."

마부작침
磨斧作針

도끼[斧]를 갈아[磨] 바늘[針]을 만든다[作]

당나라의 시인(詩人) 이백(李白)은 아버지와 함께 촉(蜀)나라 땅의 성도(成都)에서 자랐다. 그때 훌륭한 스승을 찾아 상의산(象宜山)에 들어가 학문을 배우는 중, 공부에 싫증이 나자 중도에 학업을 포기하고 스승에게 말도 없이 집으로 돌아가기 위해서 산에서 내려오고 말았다.

집을 향해 걷고 있던 이백이 산 아래 계곡을 흐르는 냇가에 이르렀을 때, 한 늙은이가 바위에 열심히 도끼를 갈고 있는 것을 발견했다. 그것도 시퍼렇게 날이 선 도끼를 계속 갈고 있는 것이 아니겠는가? 그는 할머니의 행동에 궁금함을 느껴 물어보았다.

"할머니, 지금 뭘 하고 계세요?"

"바늘을 만들려고 도끼를 갈고 있다"

"아니, 그렇게 큰 도끼를 갈아 과연 가는 바늘을 만들 수 있을까요?"

"중도에 그만두지만 않고 계속 갈기만 한다면 언젠가는 바늘이 되지 않겠니?"

이백은 마치 망치에 머리를 한 방 맞은 기분이었다. 특히 '중도에 그만두지 않고 계속한다'는 말이 그의 가슴을 때렸다. 할머니의 대답에 크게 감명 받은 이백은 집으로 돌아가려던 발걸음을 돌려서 다시 산으로 들어갔다. 그는 도끼를 갈아서 바늘을 만드는 자세로 열심히 노력하여 학문의 완성을 이루었다.

'마부작침'은 아무리 어렵고 힘든 일이라도 끈기 있게 노력하면 언젠가는 목표를 이룰 수 있다는 의미이다.

磨斧作針 어려운 일이라도 끊임없이 노력하면 반드시 이룰 수 있음

磨 : 갈 마, 연자매 마, 16획 ──────────────────── 부수 : 石

石(돌 석)과 麻(삼 마)가 합하여 이루어진 모습으로, '갈다', '닳다', '문지르다'라는 뜻을 가진 글자이다. 돌로 갈아 문지르거나 부순다는 의미에서 '연마하다'까지 파생되었다.

斧 : 도끼 부, 8획 ──────────────────── 부수 : 斤

斤(근 근)과 父(아버지 부)가 합하여 이루어진 모습으로, 벌목이나 의장(儀仗) 등 다양한 용도의 '도끼'를 뜻하는 글자이다.

作 : 지을 작, 만들 주, 저주 저, 7획 ──────────────────── 부수 : 亻

人(사람 인)과 乍(잠깐 사)가 합하여 이루어진 모습으로, 사람이 어떤 일을 한다는 의미에서 '짓다', '만들다'라는 뜻을 가진 글자가 되었다.

針 : 바늘 침, 바느질할 침, 10획 ──────────────────── 부수 : 金

金(쇠 금)과 十(열 십)이 합하여 이루어진 모습이다. 귀가 있는 바늘을 본뜬 것으로, '바늘'이나 '침'이라는 뜻을 가진 글자이다.

마부작침 이렇게 표현하자

"어떤 인생의 목표가 정해졌다면 꾸준히 노력하는 '마부작침'의 마음가짐이 필요하다."

마이동풍
馬耳東風
말[馬] 귀[耳]에 동풍[東][風]

이백의 친구 중에 왕십이(王十二)라는 이가 있었다. 오래전부터 중국은 무(武)보다는 문(文)을 숭상했으므로 이백과 같은 이는 문장가로서 울분을 느낄 수밖에 없었다. 이백은 온갖 시름을 잊어버리고자 친구 왕십이에게 편지를 썼다.

'지금은 투계(鬪鷄 : 귀족들 간에 유행했던 놀이)의 기술에 능한 자가 군왕의 총애를 받고 있던 때이네. 그들이 두 팔을 내젓고 활보하고 돌아다니는 곁에는 오랑캐의 침공에 서푼 어치의 공을 세워 충신인 것처럼 의기양양해 돌아다니는 자들이 있네. 자네와 나는 그런 자들을 흉내 낼 수는 없지 않은가. 이렇듯 북창에 기대어 시를 짓고 노래나 불러보세. 아무리 우리의 글이 둘도 없이 빼어나도 그것은 냉수 한 잔의 값어치가 없다네. 세상 사람들은 이를 듣고 고개를 내젓지, 않은가. 마치 동풍(東風)이 말의 귀(馬耳)를 스치고 가는 것이 아니고 무엇이겠는가.'

이백은 썩은 생선의 눈과 같은 무리들이 감히 명월과 같은 시인들의 존귀한 자리를 탐낸다고 꼬집었다. 이것은 자연스럽게 옥석이 뒤바뀌었다고 탄식했다.

'마이동풍'은 다른 사람의 의견이나 충고를 경청하지 않고 무시하는 태도를 비판할 때 사용하는 성어로 건강한 소통과 관계를 위해서는 서로의 말을 존중하고 경청하는 태도가 중요하다.

馬耳東風 남의 말에 귀 기울이지 않고 지나쳐 흘려버림

馬 : 말 마, 10획 ──────────────────── 부수 : 馬

갑골문을 보면 '말'의 모양을 본뜬 모습으로, 말의 특징을 표현하기 위해 큰 눈과 갈기가 함께 그려져 있으며, '말'을 뜻하는 글자이다.

耳 : 귀 이, 6획 ──────────────────── 부수 : 耳

'귀'나 '듣다'라는 뜻을 가진 글자로, 사람의 귀를 그린 것이다. 귀의 기능인 '듣다'와 관련된 뜻을 전달한다.

東 : 동녘 동, 8획 ──────────────────── 부수 : 木

木(나무 목)과 日(날 일)이 합하여 이루어진 모습으로, '동쪽'이나 '동녘'이라는 뜻을 가진 글자이다. 해가 나무의 중간쯤 올라간 상태로, 해가 떠오르는 방향인 '동쪽'의 의미로 생성되었다.

風 : 바람 풍, 9획 ──────────────────── 부수 : 風

几(새 나는 모양 수)와 虫(벌레 충)이 합하여 이루어진 모습으로, 봉황의 깃털로 바람 의미를 표현한 것으로 보거나, 凡(범)이 '널리 퍼지다'는 의미가 있어 '바람'의 뜻으로 쓰이는 글자이다.

마이동풍 이렇게 표현하자

"그는 선생님 말씀을 '마이동풍'으로 흘려버렸다."

맥수지탄
麥秀之嘆

보리[麥]가 무성히[秀] 자란 것에[之] 한탄[嘆]함

고대 중국 은나라 주왕(紂王)은 폭정으로 악명을 떨친 인물로, 그에게는 세 명의 훌륭한 신하가 있었다. 그러나 주왕은 어진 세 신하의 간절한 충언을 듣지 않았다.

미자(微子)는 주왕의 이복형으로 아무리, 충언을 해도 주왕이 듣지 않자 국외로 망명하였다. 기자(箕子)는 주왕에게 간곡한 충고를 했으나 주왕이 들어주지 않자 거짓으로 미친 사람 행세를 하며 남의 집 종이 되면서 숨어 살았다. 비간(比干)은 왕의 잘못된 행동을 지적하다가 능지처참을 당했다. 이리하여 은나라는 결국 망하고 주나라가 세워지게 되었다.

세월이 흘러 기자는 주나라로 가던 중 옛 은나라의 도읍을 지나게 되었다. 기자는 흔적도 없이 황폐해진 궁궐 자리에 보리와 잡초만이 무성하게 자라고 있는 것을 보고 지난날의 감회에 젖어 시를 지어 읊었다.

"옛 궁궐터에는 보리만이 무성하고 벼와 기장도 기름졌구나. 주왕이 내 말을 듣지 않았기에 슬프도다."

'맥수지탄'은 나라가 멸망한 것을, 보고 한탄한다는 뜻으로, 역사적 사건을 통해 얻을 수 있는 교훈을 담고 있는 성어이다.

麥秀之嘆 나라의 멸망을 한탄함

麥 : 보리 맥, 11획 ──────────────────── 부수 : 麥

來(올 래(내))와 夂(뒤쳐져 올 치)가 합하여 이루어진 모습이다. 갑골문을 보면 양 갈래로 늘어진 보리 이삭과 뿌리가 함께 그려져 있어서 '보리'를 뜻하는 글자이다.

秀 : 빼어날 수, 7획 ──────────────────── 부수 : 禾

禾(벼 화)와 乃(이에 내)가 합하여 이루어진 모습으로, '빼어나다'나 '(높이)솟아나다'라는 뜻을 가진 글자이다.

之 : 갈 지, 4획 ──────────────────── 부수 : 丿

갑골문자를 보면 발을 뜻하는 止(발 지)가 그려져 있는데 사람의 발을 그린 것으로 '가다'나 '~의', '~에'와 같은 뜻으로 쓰이는 글자이다.

嘆 : 탄식할 탄, 15획 ──────────────────── 부수 : 欠

口(입 구)와 廿(스물 입), 口(입 구), 夫(지아비 부)가 합하여 이루어진 모습으로, '탄식하다', '한숨쉬다'라는 뜻을 가진 글자이다.

맥수지탄 이렇게 표현하자

"우리는 '맥수지탄'의 교훈을 기억하고 국가와 사회를 위해 봉사해야 한다."

모수자천
毛遂自薦

모수[毛] [遂]가 자기[自]를 천거[薦]함

중국 전국시대 때 일이다. 진(秦)나라가 조(趙)나라를 침공하여, 조나라가 망할 위기에 처했을 때, 조나라는 초(楚)나라에 구원병을 요청하기로 하고, 평원군(平原君)에게 이 일을 맡겼다. 평원군은 당시 천하에서 휘하에 수천의 식객을 거느린 것으로 유명했던 네 공자(公子) 중 하나였다. 식객 중 유능한 스무 명을 선발하여 함께 가기로 했는데, 마지막 한 명을 누구로 해야 할지 적당한 인물이 없었다. 이때 모수(毛遂)가 앞에 나섰다.

"저도 함께 데려가 주십시오."

"우리 집에 얼마 동안 있었는가?"

"3년쯤 되었습니다."

"사람의 능력은 자루 속의 송곳과 같은 법, 조금만 지나면 저절로 드러나게 마련인데, 3년 동안 내 눈에 뜨이지 않았으니 별다른 능력이 없는 것 아닌가."

"그동안 기회가 없었기 때문이니, 이제라도 저를 자루 속에 넣어 데려가 주십시오."

그리하여 평원군은 할 수 없이 모수를 데리고 갔고, 결국 모수는 조나라가 초나라의 구원병을 얻는 데 결정적 역할을 한 사람이 되었다.

'모수자천'은 모수가 스스로를 천거했다는 뜻으로, 뛰어난 능력을 가진 사람이 자기를 드러내고 기회를 잡는데 중요한 정신이다.

110

毛遂自薦 자기 스스로 자신을 추천한다

毛 : 터럭 모, 4획 ──────────────────────── 부수 : 毛

乚(숨을 은)과 彡(터럭 삼)이 합하여 이루어진 모습으로, '털'을 뜻하는 글자이다. 금문을 보면 양 갈래로 뻗어있는 깃털이 표현되어있다.

遂 : 드디어 수, 따를 수, 13획 ──────────────── 부수 : 辶

辶(쉬엄쉬엄 갈 착)과 㒸(드디어 수)가 합하여 이루어진 모습으로, 돼지가 마침내 탈출에 성공했다는 의미에서 '드디어', '마침내'라는 뜻을 가진 글자가 되었다.

自 : 스스로 자, 6획 ───────────────────── 부수 : 自

사람의 코 모양을 본뜬 것으로, 자신을 가리키는 의미에서 '스스로'나 '몸소', '자기'라는 뜻을 가진 글자이다. 지금은 鼻(코 비)가 '코'라는 뜻을 대신 쓰이고 있다.

薦 : 천거할 천, 16획 ──────────────────── 부수 : 艹

艹(초두머리 초)와 廌(해태 치)가 합하여 이루어진 모습으로, 뿔이 달린 짐승이 몸을 치켜 세운 채 풀을 뜯어 먹고 있는 모습에서 '천거하다', '올리다'라는 뜻을 가진 글자가 되었다.

모수자천 이렇게 표현하자

"그는 자신의 능력을 '모수자천'하여 새로운 프로젝트에 참여하게 되었다."

무릉도원
武陵桃源

무릉[武] [陵]의 복숭아[桃] 근원지[源]

진 나라 태원 때, 무릉(武陵)이라는 곳에, 고기잡이를 생업으로 삼고 있는 사람이 살았는데, 하루는 시내를 따라 배를 저어 가다가 길이 멀고 가까움을 잊은 중에 문득 복사꽃이 핀 수풀을 만났다.

언덕을 끼고 수백 보쯤의 넓이가 온통 복숭아나무 천지로 한그루의 잡목도 없었고, 풀은 향기롭고 고왔으며 꽃잎은 어지러이 날리며 떨어지고 있었다. 이를 이상히 여긴 어부가 다시 앞으로 배를 저어 끝까지 가보았더니, 수이 다하는 곳에는 산 하나가 있었다.

이에 배에서 내려 굴 입구를 따라 들어갔는데, 처음에는 겨우 한 사람 정도 통과할 수 있을 정도로 입구가 매우 좁았지만, 다시 수십 보를 나아가니 갑자기 앞이 밝아지면서 탁 트인 곳이 나왔다.

드넓은 땅에 가지런히 늘어선 집들과 기름진 논밭, 아름다운 연못, 뽕나무와 대나무들, 사방으로 뻗은 전답 사이의 길들, 여러 곳에서 들려오는 닭과 개들의 울음소리 등, 그 가운데서 지나다니거나 농사를 짓는 남녀의 의복은 한결같이 멋진 것이었고, 노인과 어린아이들은 모두 웃으면서 즐거워하고 있었다.

武陵桃源 이 세상이 아닌 것처럼 아름답고 평화로운 낙원

武 : 호반 무, 8획 ──────────────── 부수 : 止

戈(창 과)와 止(발 지)가 합하여 이루어진 모습이다. 무사가 창을 들고 움직이는 모습을 표현한 것으로, '무사'나 '무예', '무인'을 뜻하는 글자이다.

陵 : 언덕 릉(능), 11획 ──────────────── 부수 : 阝

阝(언덕 부)와 夌(언덕 릉)이 합하여 이루어진 모습으로, 언덕 위로 오르는 사람을 표현하여 '언덕'이나 '무덤', '오르다'라는 뜻을 가진 글자가 되었다.

桃 : 복숭아 도, 10획 ──────────────── 부수 : 木

木(나무 목)과 兆(조짐 조)가 합하여 이루어진 모습으로, '복숭아', '복숭아나무'를 뜻하는 글자이다. 예로부터 복숭아는 귀신을 내쫓기 때문에 제사상에는 물론 집안에도 복숭아나무를 심지 않았다. 그래서 복숭아가 신(神)적인 것과 연관된 과일임을 뜻하기도 했다.

源 : 근원 원, 13획 ──────────────── 부수 : 氵

水(물 수)와 原(근원 원)자이 합하여 이루어진 모습으로, '근원'이나 '원천', '기원'이라는 뜻을 가진 글자이다. 언덕(厂)과 샘(泉)을 함께 그린 것으로 바위틈 사이에서 물이 쏟아져 나오는 모습을 표현한 것이다.

무릉도원 이렇게 표현하자

"편안히 누워서 빗소리를 들으니 '무릉도원'이 따로 없다."

문경지교
刎頸之交
목[頸]이 잘려도[刎] [之] 사귐[交]

진나라의 소양왕(昭襄王)은 조나라 혜문왕(惠文王)이 가지고 있던 화씨지벽(和氏之璧)이라는 천하의 명옥을 탐냈다. 그래서 그는 진나라의 성 15개를 주겠으니 바꾸자고 말하고 보물을 손에 넣더니 차일피일 미루며 성을 주지 않았다.

그때 조나라 인상여(藺相如)는 꾀를 내어 구슬의 흠이 있음을 가르쳐주겠다는 핑계로 진나라로 가서 구슬을 찾아왔다. 그 후에도 인상여는 진나라와 조나라의 회동에서도 큰 공을 세워 혜문왕의 신하 중 명장인 염파(廉頗)보다 더 높은 관직인 상경(上卿)에 임명되었다. 염파는 이에 분개하였고 인상여를 만나게 되면 모욕을 주려고 했다.

인상여는 염파의 눈치를 보며 그를 만나지 않고 조정에 나갈 때도 염파와 부딪치는 것을 가능한 피해 다녔다고 한다. 자기의 주인이 이렇게 못난 짓을 하는 것에 수치심을 느낀 부하들이 떠나려 하자 인상여는 말했다.

"진나라 소양왕은 염파보다 무서운 상대다. 그런 진왕마저 질책한 내가 염파가 두려워 피하겠느냐? 진나라가 우리를 두려워하는 것은 나와 염파가 있기 때문인데 우리 둘이 만나 싸운다면 안 될 일이다."

이 말을 전해들은 염파는 자기의 행동을 크게 부끄러워하며 인상여의 집을 찾아가 화해했고 두 사람은 목을 베어도 변치 않는 돈독한 우정인 '문경지교'를 맹세했다.

刎頸之交 목을 베어 줄 수 있을 정도로 절친한 사귐

刎 : 목 벨 문, 6획 ──────────────────── 부수 : 刂

刂(선칼도 방), 勿(말 물)이 합하여 이루어진 모습으로, '목을 베다', '스스로 목을 자르다'
라는 뜻을 가진 글자이다.

頸 : 목 경, 16획 ──────────────────── 부수 : 頁

糸(가는 실 사)와 巠(물줄기 경)이 합하여 이루어진 모습으로, 비단실을 엮어 베를 짜듯이
기초를 닦고 일을 해 나간다는 의미에서 '지나다', '다스리다', '날실'이라는 뜻을 가진 글
자가 되었다.

之 : 갈 지, 4획 ──────────────────── 부수 : 丿

갑골문자를 보면 발을 뜻하는 止(발 지)가 그려져 있는데 사람의 발을 그린 것으로 '가
다'나 '~의', '~에'와 같은 뜻으로 쓰이는 글자이다.

交 : 사귈 교, 6획 ──────────────────── 부수 : 亠

'사귀다', '교제하다', '엇갈리다'라는 뜻을 가진 글자이며, 본래 사람의 두 발을 교차해서
꺾는 모양을 나타내, 고대의 형벌의 한가지였는데, 후에 서로 교차한다는 의미에서 '사
귀다'는 의미로 파생되었다.

문경지교 이렇게 표현하자

"평생에 '문경지교'로 맺어진 친구 셋을 가지고 있다면, 그 사람은 성공한 삶을
살았다고 해도 과언이 아닐 것이다."

문전성시
門前成市

문[門] 앞[前]에 시장[市]을 이룸[成]

후한(後漢)의 애제(哀帝)는 어린 나이로 제위에 올랐으나 실권은 외척들의 손에 있었고 애제는 황제라는 빈자리만 지키다 7년 만에 죽음을 맞이했다. 그러나 그에게도 자신을 받들고 정치를 바로 잡으려고 애쓴 신하가 있었으니 바로 정숭(鄭崇)이었다. 정숭은 외척들의 전횡을 자주 애제에게 건의했으나 애제는 차츰 그런 정숭을 멀리했다. 애제와 정숭의 벌어진 사이를 보고 그를 미워하는 상서령 조창(趙昌)이 애제에게 모함을 하게 되었다.

"정숭은 왕실의 여러 사람과 내왕이 빈번하여 무슨 음모가 있는 것 같으니 취조해 보시기 바랍니다."

조창의 말을 그대로 믿은 애제는 정숭을 불러 문책하기를 "그대의 집 문전에는 사람이 시장 바닥 같다던데 무슨 음모를 꾸미려는 것이냐?"라고 하자 정숭은 이렇게 답했다. "신의 문전은 시장 바닥 같아도 신의 마음은 물처럼 맑습니다."

그러나 애제는 황제의 말에 대꾸했다며 평소 눈엣가시였던 정숭을 옥에 가두었다. 어리석은 애제는 충신을 죽이고 한나라의 멸망을 재촉했던 것이다.

'문전성시'는 고위공직자가 사람을 끌어들여 뇌물을 받거나 패거리를 만드는 행위를 경계하는 말로 쓰이지만, 혼잡하게 붐비는 상황을 뜻하기도 한다.

門前成市 세력 있는 사람 집 앞은 시장처럼 사람들로 붐빈다

門 : 문 문, 8획 ——————————————————— 부수 : 門

갑골문에 나온 門(문)을 보면 양쪽으로 여닫는 큰 대문이 그려져 있으며, 집으로 들어가기 위한 큰 대문을 그린 것으로, '문', '집안', '전문'이라는 뜻을 가진 글자이다.

前 : 앞 전, 9획 ——————————————————— 부수 : 刂

본래 사람 발(止)이 배(舟) 앞에 있는 모양으로 생성되었으나 후에 해서에서는 ⺌(초두머리 초)와 刂(벨 월)로 변형이 되어 '앞', '먼저', '앞서 나가다'라는 뜻을 가진 글자로 쓰이고 있다.

成 : 이룰 성, 7획 ——————————————————— 부수 : 戈

戊(창 모)와 丁(못 정)이 합하여 이루어진 모습으로, 충실하고 성하게 이루어져 간다는 의미에서 '이루다', '갖추어지다', '완성되다'라는 뜻을 가진 글자이다.

市 : 저자 시, 5획 ——————————————————— 부수 : 巾

巾(수건 건)와 亠(돼지해머리 두)가 합하여 이루어진 모습으로, '시장'이나 '저자'라는 뜻을 가진 글자이다. 市(시)는 발소리가 울려 퍼지고 있음을 표현한 것으로, 사람이 많은 시장에서 왁자지껄한 소리가 울려 퍼지고 있다는 것을 의미하는 글자이다.

문전성시 이렇게 표현하자

"그 떡집은 맛있기로 소문이 나 언제나 많은 사람들로 '문전성시'를 이룬다."

미생지신
尾生之信

춘추시대 노나라에 미생(尾生)이라는 사람이 있었는데 그는 매우 정직한 사람이어서 남과의 약속은 무슨 일이 있어도 꼭 지키는 사람이었다.

어느 날 그는 사랑하는 여인과 개울의 다리 밑에서 만나기로 약속을 했다. 그는 약속한 시간이 되자 그녀를 만나기 위해 약속 장소로 갔다. 그런데 미생이 아무리 기다려도 그 여자는 오지 않았다. 한편 미생이 여자를 기다리는 동안 갑자기 내린 소나기로 인해 개울물이 점점 불어나기 시작했다. 처음에는 무릎, 다음에는 배, 그다음에는 목까지 물이 차올라왔으나 미생은 약속을 지킬 것이라는 믿음만으로 그 자리를 떠나지 않고 있다가 결국 교각을 끌어안고 죽고 말았다.

전국시대의 종횡가(縱橫家)로 이름이 난 소진(蘇秦)은 미생지신을 자신의 신의를 강조하는 예로 들기도 했으나 장자(莊子)는 공자와 대화를 나누는 도척의 입을 빌려 미생의 융통성 없고 어리석음을 다음과 같이 반박했다.

"쓸데없는 명분에 빠져 소중한 목숨을 가볍게 여기는 인간은 진정한 삶의 길을 모르는 사람이다."

'미생지신'은 긍정적인 의미와 부정적인 의미로 해석할 수 있은 데, 긍정적인 의미로는 약속을 꼭 지키는 신의 있는 사람을 의미하고, 부정적인 의미로는 융통성 없는 고집을 의미한다.

尾生之信 융통성이 없이 약속만을 굳게 지키는 것을 이르는 말

尾 : 꼬리 미, 7획 ——————————————————— 부수 : 尸
尸(주검 시)와 毛(털 모)가 합하여 이루어진 모습이다. 사람이 사냥할 때 짐승처럼, 분장을 하고 있는 모양으로 '꼬리', '끝'이라는 뜻을 가진 글자이다.

生 : 날 생, 5획 ——————————————————— 부수 : 生
갑골문을 보면 땅 위로 새싹이 돋아나는 모습을 본뜬 것으로, '나다', '낳다', '살다'라는 뜻을 가진 글자이다.

之 : 갈 지, 4획 ——————————————————— 부수 : 丿
갑골문자를 보면 발을 뜻하는 止(발 지)가 그려져 있는데 사람의 발을 그린 것으로 '가다'나 '~의', '~에'와 같은 뜻으로 쓰이는 글자이다.

信 : 믿을 신, 9획 ——————————————————— 부수 : 亻
人(사람 인)과 言(말씀 언)이 합하여 이루어진 모습이다. 말로 사람을 평가할 수 있는, 그래서 신의가 있는 사람이 진정한 친구가 될 수 있다는 의미에서 '믿다', '신임하다'라는 뜻을 가진 글자이다.

미생지신 이렇게 표현하자

"그 친구와 함께 사업을 하겠다는 너의 계획에 전적으로 찬성해. 그 친구는 '미생지신'을 가지고 있으니 적어도 너를 배신하지는 않을 거야."

반구제기
反求諸己

돌이켜[反] 모든[諸] 원인을 자기[己]에게서 찾음[求]

아주 오래전에 중국에는 하(夏)나라가 있었다. 이때의 국왕 우(禹)는 치수사업에 공이 있어 보위를 물려받았었다. 어느 날 배반했던 유호씨(有扈氏)가 대거 병사를 이끌고 침범하자 그의 아들 백계(伯啓)로 하여금 막게 하였다. 그러나 이 싸움은 백계의 대패로 막을 내렸다.

"승복할 수 없습니다. 다시 한번 싸웁시다."

백계의 부하들은 어이없는 결과에 반신반의하며 다시 한번 싸울 것을 강력히 주장했다. 그러나 백계는 고개를 저었다.

"다시 싸울 필요는 없다. 나는 그의 근거지에 비하여 작지 않고 변사의 수효도 부족하지 않는데 우리가 패했다. 이것은 결코 우연이 아니다. 분명 무슨 이유가 있을 것이다. 아무래도 내 덕행이 부족하여 부하들을 가르치는 것에 소홀함이 있었을 것이다. 분명 자신으로부터 원인을 찾아야겠다."

백계는 이때부터 뜻을 세워 분발했다. 결코 맛있는 것을 탐하지 않았으며 백성을 사랑하고 덕을 품은 사람을 존중하였다. 이렇게 한 지 얼마 후엔 유호씨도 기꺼이 귀순하였다.

'반구제기'는 자신에게 허물을 찾는다는 뜻으로 일이 잘못되면 남을 탓하지 않고 자기를 돌아본다는 의미로 표현되는 말이다.

反求諸己 남을 탓하지 않고 자기의 자세와 실력을 탓함을 이르는 말

反 : 돌이킬 반, 4획 —————————————————————————————— 부수 : 又

厂(기슭 엄)과 又(또 우)가 합하여 이루어진 모습으로, '되돌아오다', '뒤집다'라는 뜻을 가진 글자이다.

求 : 구할 구 7획 —————————————————————————————— 부수 : 氺

氺(물 수)와 一(한 일), 丶(점 주)가 합하여 이루어진 모습으로, '구하다', '탐하다'라는 뜻을 가진 글자이다. 가죽으로 만든 털옷은 추운 겨울을 이겨낼 수 있는 옷이었지만 쉽게 구하지도 못하여 털옷을 구하거나 원한다는 뜻이다.

諸 : 모든 제, 16획 —————————————————————————————— 부수 : 言

言(말씀 언)과 者(놈 자)자가 합하여 이루어진 모습으로, '모두'나 '무릇', '만약', '여러'와 같이 다양한 뜻으로 쓰이는 글자이다.

己 : 몸 기, 3획 —————————————————————————————— 부수 : 己

'몸'이나 '자기'라는 뜻을 가진 글자이다. 여기서 말하는 '몸'이란 '나' '자신'을 뜻한다. 己(기)의 유래에 대한 의견은 분분하다.

반구제기 이렇게 표현하자

"그는 시험에 실패한 이유를 '반구제기'하며 자신의 부족한 점을 반성했습니다."

발본색원
拔本塞源

뿌리[本]를 뽑고[拔] 근원[源]을 막아버림[塞]

『춘추좌씨전』의 소왕 9년 조에 나오는 말이다. 당시 주왕은 이렇게 말했다.

"나는 백부에게 있어 마치 옷에 갓이 있는 것과 같으며 나무와 물에 근원이 있듯 백부에게는 주모자가 있어야 한다. 만약 백부께서 갓을 찢어버리고 근원을 막으며(拔本塞源) 집주인을 버린다면 오랑캐나 나를 어떻게 볼 것인가."

이와는 다른 출전으로 명나라 때의 성리학자인 왕양명(王陽明)의 발본색원을 들 수 있다. 그는 모름지기 하늘의 이치를 깨닫고 가지고 있는 욕심을 버리라는 의미로 사용하였다. 그런가 하면 『사기』의 「열전」에는 이런 얘기가 기록되어 있다.

"대체로 하늘은 사람의 시초며 부모는 사람의 근본이다. 그러므로 사람은 궁하면 당연히 근본으로 돌아가게 된다. 그런 까닭에 괴롭고 피곤하면 하늘을 부르지 않는 자가 없다. 굴평은 바르게 행동했으면서도 남의 이간질로 인해 곤궁하게 되었다. 신의를 지키고도 의심받았으며 충성을 다했으면서도 비방을 받았다."

모름지기 군왕은 이런 일이 있기 전에 뿌리를 뽑아야 한다.

'발본색원'은 개인의 문제나 결점을 근본적으로 개선하려 할 때나, 반복적으로 일어나는 문제를 완전히 해결하려고 할 때 쓰이는 성어로, 문제 해결의 근본적인 중요성을 강조하는 말이다.

拔本塞源 좋지 않은 일의 근본이 되는 요소를 완전히 없애 버림

拔 : 뺄 발, 8획 ──────────────────── 부수 : 扌

手(손 수)와 犮(달릴 발)이 합하여 이루어진 모습이다. 손으로 어떤 물건을 뺀다는 의미에서 '빼다', '뽑다'라는 뜻을 가진 글자로 쓰이고 있다.

本 : 근본 본, 5획 ──────────────────── 부수 : 木

木(나무 목)과 一(한 일)이 합하여 이루어진 모습으로, 나무(木)의 아래쪽에 점을 찍어 뿌리의 의미를 가르키는 '근본', '뿌리'를 뜻을 가진 글자가 되었다.

塞 : 막힐 색, 변방 새, 13획 ──────────────────── 부수 : 土

㗒(틈 하)와 土(흙 토)가 합하여 이루어진 모습으로 '변방', '요새', '보루'라는 뜻을 가진 글자이다. 집처럼 생긴 상자 안에 죽간(竹簡 : 문자를 기록하던 대나무 조각)을 넣고 있는 모습이 그려져 있다.

源 : 근원 원, 13획 ──────────────────── 부수 : 氵

水(물 수)와 原(근원 원)자이 합하여 이루어진 모습으로, '근원', '원천', '기원'이라는 뜻을 가진 글자이다. 언덕(厂)과 샘(泉)을 함께 그린 것으로 바위틈 사이에서 물이 쏟아져 나오는 모습을 표현한 것이다.

발본색원 이렇게 표현하자

"새로운 정권이 들어설 때마다 부정부패를 '발본색원'하겠다고 공언하였지만, 수십 년이 지난 지금도 부정부패는 여전히 만연해 있다."

방약무인
傍若無人

주변[傍]에 사람[人]이 없는[無] 것과 같음[若]

위(衛)나라 사람인 형가(荊軻)는 문학과 무예에 능하였다. 정치에 관심이 많았던 그는 위나라의 원군(元君)에게 국정에 대한 자신의 포부와 건의를 피력하였지만, 받아들여지지 않자 여러 나라를 전전하다가 연(燕)나라에서 축(筑 : 거문고와 비슷한 악기)의 명수인 고점리(高漸離)를 만났다.

두 사람은 호흡이 잘 맞아 금방 친한 사이가 되었다. 그래서 두 사람이 만나 술판을 벌여 일단 취기가 돌면, 고점리는 비파를 켜고 형가는 이에 맞추어 춤을 추며 고성방가하였다.

그러다가 신세가 처량하게 느껴지고 감정이 복받치면 둘이 얼싸안고 울기도 웃기도 하였다. 이때 이 모습은 마치 '곁에 아무도 없는 것처럼(傍若無人)' 보였다.

이후 진나라의 정(政:훗날 시황제)에게 원한을 품고 있던 연나라의 태자 단(丹)이 형가의 재주를 높이 평가하여 그에게 진시황제 암살을 부탁하였다. 이에 형가는 진시황제 암살을 기도하였지만 진시황제의 관복만 뚫었을 뿐 암살은 실패로 돌아갔다. 그리고 결국 진시황제에게 죽임을 당하고 말았다.

'방약무인'은 주변 사람들을 존중하지 않는 무례한 행동을 의미한다. 이러한 행동은 사회생활에서 문제가 발생할 수 있으므로 주의해야 한다.

傍若無人 제 세상인 것처럼 거리낌 없이 함부로 말하거나 행동함

傍 : 곁 방, 기댈 방, 12획 —————————————————— 부수 : 亻

人(사람 인)과 旁(곁 방)이 합하여 이루어진 모습으로, '곁'이나 '가까이'라는 뜻을 가진
글자이다.

若 : 같을 약, 9획 —————————————————— 부수 : 艹

艹(풀 초)와 右(오른쪽 우)가 합하여 이루어진 모습으로, '같다'나 '만약'이라는 뜻을 가진
글자이다.

無 : 없을 무, 12획 —————————————————— 부수 : 灬

'없다'나 '아니다', '~하지 않다'라는 뜻을 가진 글자로, 사람이 소꼬리를 들고 춤추는 모
양에서 없어서는 안 될 일로 인해 '없다'는 의미로 생성되었다.

人 : 사람 인, 2획 —————————————————— 부수 : 人

팔을 지긋이 내리고 있는 사람을 본뜬 것으로 '사람'이나 '인간'이라는 뜻을 가진 글자이
다. 人(인)이 부수로 쓰일 때는 주로 사람의 행동이나 신체의 모습, 성품과 관련된 의미
를 전달하게 된다.

병약무인 이렇게 표현하자

"그가 '방약무인'한 삶을 살게 된 이유는 부모님이 원하는 것이면 뭐든지 다 해주
었던 어릴 적 가정환경 때문이야."

배수지진
背水之陣

물[水]을 등지고[背][之] 진[陣]을 침

한나라 고조가 제위에 오르기 2년 전, 한나라군을 이끌던 한신(韓信)은 위나라를 격파한 여세를 몰아 조나라로 진격했다. 일만의 군대는 강을 등지고 진을 쳤고 주력부대는 성문 가까이 공격해 들어갔다.

한신은 적이 성에서 나오자 패배를 가장하여 배수진까지 퇴각하게 했고, 한편으로 조나라 군대가 성을 비우고 추격해 올 때 매복병을 시켜 성 안으로 잠입, 조나라기를 뽑고 한나라 깃발을 세우게 했다. 물을 등지고 진을 친 한신의 군대는 죽기 아니면 살기로 결사 항전을 하니 초나라 군대는 퇴각할 수밖에 없었다. 싸움이 끝나고 축하연이 벌어졌을 때 부장들이 한신에게 물었다.

"병법에는 산을 등지고 물을 앞에 두고서 싸우라고 했는데 어찌 물을 등지고 싸워서 승리할 생각을 하셨습니까?"

이에 한신은 이렇게 대답했다.

"이것도 병법의 한 수로 병서에 자신을 사지에 몰아넣음으로써 살길을 찾을 수가 있다고 했소. 우리 군은 원정을 계속하여 보강한 군사들이 대부분이니 이들을 생지에 두었다면 그냥 흩어져 달아나 버렸을 것이오. 그래서 사지에다 몰아넣은 것뿐이오."

이를 들은 모든 장수들이 감탄했다고 한다. 이로써 배수진을 친다는 것은 더 이상 물러날 곳 없는 결사 항전을 뜻하게 된 것이다.

背水之陣 어떤 일을 성취하기 위하여 더 이상 물러설 수 없음을 뜻함

背 : 배반할 배, 9획 ——————————————————— 부수 : 月

北(북녘 북)과 月(육달 월)이 합하여 이루어진 모습으로, 신체 부위인 '등', '뒤', '등지다'의 뜻과 서로 등지고 있는 모습으로 인해 '배반하다'라는 뜻까지 생성하게 되었다.

水 : 물 수, 4획 ——————————————————— 부수 : 水

'물'이나 '강물', '액체'라는 뜻을 가진 글자이다. 글자 모양 가운데의 물줄기와 양쪽의 흘러가는 모습을 본뜬 글자로 물과 관련된 상태나 동작과 관련된 의미로 사용한다.

之 : 갈 지, 4획 ——————————————————— 부수 : 丿

갑골문자를 보면 발을 뜻하는 止(발 지)가 그려져 있는데 사람의 발을 그린 것으로 '가다'나 '~의', '~에'와 같은 뜻으로 쓰이는 글자이다.

陣 : 진칠 진, 10획 ——————————————————— 부수 : 阝

阝(언덕 부)와 車(수레 차)가 합하여 이루어진 모습으로, '진을 치다', '전쟁', '대열'이라는 뜻을 가진 글자이다. 陣(진)은 군대에서 사용하던 전차가 언덕 아래에 그려진 것은 전쟁에 대비해 방호벽을 쌓고 진을 치고 있는 모습을 표현한 것이다.

배수지진 이렇게 표현하자

"어려운 사람이 성공하는 것은 어느 일이나 '배수지진'의 마음으로 하기 때문이다."

백년하청
百年河淸

백[百] 년[年]에 한 번 황하[河]가 맑아짐[淸]

춘추시대 때 정(鄭)나라가 초(楚)나라의 속국인 채(蔡)나라를 공격하자 초나라도 정나라를 공격할 준비를 하게 되었고 정나라는 존망의 위기에 처해 있었다. 이때 정나라에서는 두 가지 주장이 대립되고 있었는데 진나라에 구원병을 청하자는 주장과 초나라와 강화를 해야 한다는 주장이 팽팽하게 대립하고 있었다. 이때 자사(子駟)가 말했다.

"인생은 짧기 때문에 황하의 흐린 물이 맑아지기를 평생 기다려도 소용없다는 시가 있습니다. 계책이란 것은 많으면 많을수록 오히려 목적 달성에는 방해만 되는 것입니다. 우선은 초나라에 항복하고 나중에 진나라 군대가 오면 그때 가서 그들을 따르면 됩니다."

이 말은 진나라의 구원병을 기다리는 것은 황하가 맑아지기를 기다리는 것과 같다는 뜻이며, 약소국가 지도자로서 지극히 현실주의적인 발언을 한 것이다. 결국 정나라는 초나라와 화평을 맺고 위기를 넘겼다고 한다.

백 년을 기다려야 황하는 맑아지니 아무리 기다려도 소용없다는 뜻의 백년하청은 안 될 것은 안 된다는 뜻이다.

'백년하청'은 실현 가능성이 매우 낮거나 거의 없는 일을 기다릴 때, 현실을 직시하지 못하고 허황된 희망에 매달릴 때 사용한다. 이루어질 가능성이 낮은 일에 시간과 노력을 낭비하기보다는, 현실적인 목표를 설정하고 이를 위해 노력하는 것이 중요하다는 것을 의미한다.

百年河淸 아무리 기다려도 실현 가능성이 없는 일을 뜻하는 말

百 : 일백 백, 6획 ———————————————————— 부수 : 白

白(흰 백)과 一(한 일)이 합하여 이루어진 모습으로, '일백', '백 번', '온갖'과 같은 수를 나타내는 글자이다.

年 : 해 년, 6획 ———————————————————— 부수 : 干

禾(벼 화)와 人(사람 인)이 합하여 이루어진 모습으로, 사람이 가을에 수확한 농작물[禾]을 메고 가고 있는 모양에서 한 해를 마감한다는 의미로 '해', '나이', '새해' 등의 의미로 쓰이고 있다.

河 : 강 이름 하, 8획 ———————————————————— 부수 : 氵

水(물 수)와 可(옳을 가)가 합하여 이루어진 모습으로, '물', '강'이라는 뜻을 가진 글자이다.

淸 : 맑을 청, 11획 ———————————————————— 부수 : 氵

水(물 수)와 靑(푸를 청)이 합하여 이루어진 모습으로, 물이 맑고 선명하다는 의미에서 '맑다', '깨끗하다'라는 뜻을 가진 글자이다.

백년하청 이렇게 표현하자

"예산 타령으로 교육정책에 손을 대지 못한다면 산적된 교육 문제의 해결은 '백년하청'이 될 수밖에 없다."

백아절현
伯牙絶絃

백아가[伯] [牙] 거문고 줄을[絃] 끊음[絶]

　전국시대에 거문고의 명인으로 이름이 난 백아(伯牙)라는 사람이 있었다. 그에게는 자신의 음악을 이해해주는 종자기(鍾子期)라는 친구가 있었다. 백아가 산의 모습을 표현하기 위해 거문고를 타면 종자기의 입에서는 탄성이 터져 나왔다.
　"태산의 높음을 표현하고 있구나."

　그러다가 흐르는 물소리를 표현하면
　"강물의 흐름이 양자강과 같도다."

　이렇게 말할 정도였다. 즉, 친구의 음악을 가장 잘 이해하고 있었다는 말이다. 그러던 종자기가 세상을 떠났다. 그러자 백아는 그토록 아끼던 거문고의 줄을 끊어버리고, 다시는 거문고를 타지 않았다. 이것은 자신의 음악을 깊이 이해해주던 친구의 죽음에 대한 예우였다.

　'백아절현'은 진정한 우정을 상징하는 의미로, 서로를 이해하고 아껴주는 진정한 친구를 만나는 것은, 매우 소중한 일이며, 그러한 우정은 우리 삶에 큰 위로와 힘이 되어 준다.

伯牙絶絃 자기를 알아주는 참다운 벗의 죽음을 슬퍼함

伯 : 맏 백, 우두머리 패, 7획　　　　　　　　　　　　　　　　　　부수 : 亻
人(사람 인)과 白(흰 백)이 합하여 이루어진 모습이다. '밝게 빛나는 사람'으로 우두머리를 뜻하며, '큰아버지', '맏이', '우두머리'라는 뜻을 가진 글자이다.

牙 : 어금니 아, 4획　　　　　　　　　　　　　　　　　　　　　　부수 : 牙
위아래 어금니가 맞닿은 상태를 본뜬 글자로, 주로 '어금니', '송곳니'를 뜻하는 글자이다.

絶 : 끊을 절, 12획　　　　　　　　　　　　　　　　　　　　　　부수 : 糸
糸(실 사)와 刀(칼 도), 卩(절)이 합하여 이루어진 모습으로, 실타래를 칼로 끊는다는 의미에서 '끊어지다', '끊다'라는 뜻을 가진 글자가 되었다.

絃 : 줄 현, 11획　　　　　　　　　　　　　　　　　　　　　　　부수 : 糸
糸(가는 실 사)와 玄(검을 현)이 합하여 이루어진 모습으로, 음악을 연주하는 악기의 줄을 의미하여 '줄', '끈', '현악기'라는 뜻을 가진 글자가 되었다.

백아절현 이렇게 표현하자

"그녀는 가장 친한 친구의 사망 소식을 듣고 '백아절현'처럼 슬퍼했다."

백중지간

伯仲之間

우열[伯]을 가릴 수[仲]가[之] 없는 사이[間]

『예기』의 「단궁」 상편에 '어려서 이름을 짓고 20세에 관례(冠禮)를 하며 자(字)를 붙이고 50세에 백중(伯仲)으로 하고 죽으면 시호를 내리는 것은 주(周)나라의 도리다'라 쓰고 있다.

그런가 하면 백중숙계(伯仲叔季)라는 말도 있다. 이것은 형제의 순서를 나타내는 것으로, 백은 장형이고 중은 다음 형이고 숙은 그다음이며, 계는 막내 동생이다.

위의 글에 나오는 백중은 '형과 아우'라는 의미다. 이 말을 처음으로 쓴 사람은 위나라의 문제 조비로, 그의 『전론(典論)』이라는 글의 첫머리에 '부의지어반고 백중지간(傅毅之於班固 伯仲之間)이라 하였다. 즉, 부의와 반고는 그 실력의 우열을 가리기 힘들 정도로 막상막하였다는 뜻이다.

예로부터 글을 쓰는 사람들은 서로 상대를 업신여기고 헐뜯고 몰아친 내용을 설명한 부분이다. 그런가 하면 두보(杜甫)의 시에도 제갈량을 칭찬하여, 그가 은나라의 이윤(伊尹)이나 주나라의 여상(呂尙)과 맞먹는다는 뜻으로 '백중지간'이라 표현했다.

伯仲之間 우열을 가리기 어려운 관계

伯 : 맏 백, 7획 ─────────────────────── 부수 : 亻

人(사람 인)과 白(흰 백)이 합하여 이루어진 모습이다. '밝게 빛나는 사람'으로 우두머리를 뜻하며, '큰아버지', '맏이', '우두머리'라는 뜻을 가진 글자이다.

仲 : 버금 중, 6획 ─────────────────────── 부수 : 亻

人(사람 인)과 中(가운데 중)이 합하여 이루어진 모습이며, '버금', '중간'이라는 뜻을 가진 글자이다.

之 : 갈 지, 4획 ─────────────────────── 부수 : 丿

갑골문자를 보면 발을 뜻하는 止(발 지)가 그려져 있는데 사람의 발을 그린 것으로 '가다'나 '~의', '~에'와 같은 뜻으로 쓰이는 글자이다.

間 : 사이 간, 12획 ─────────────────────── 부수 : 門

門(문 문)과 日(해 일)이 합하여 이루어진 모습으로, 어두운 밤에 달빛을 통해 문틈이 벌어져 있음을 알 수 있었다는 의미에서 '사이', '틈새'라는 뜻을 가진 글자가 되었다.

백중지간 이렇게 표현하자

"이번 대회에서 우승 후보로 꼽힌 두 팀은 '백중지간'으로, 우승팀을 예상하기 쉽지 않다"

부화뇌동
附和雷同

우레[雷] 소리에 맞춰[同] 함께함[附] [和]

우렛소리에 맞춰 함께한다는 뜻으로, 자신의 뚜렷한 소신 없이 남이 하는 대로 따라가는 것을 뜻하는 말이다.

『논어(論語)』에서는 다음과 같이 말한다.

"공자가 말하기를 군자는 화합하지만 부화뇌동하지 않고, 소인은 부화뇌동하지만 화합하지 않는다."

이 말은, 군자는 의를 숭상하고 남을 자신처럼 생각하여 화합하지만, 소인은 이익을 따지는 사람이므로 이해관계가 맞는 사람끼리 행동하여 사람들과 화합하지 못한다는 뜻이다.

부화뇌동(附和雷同)에서 뇌동(雷同)이란 우레가 울리면 만물도 이에 따라 울린다는 뜻으로, 다른 사람의 말을 듣고 그 말의 옳고 그름을 생각해 보지 않고 경솔하게 부화(附和)하는 것을 의미한다.

'부화뇌동'은 단순히 다른 사람의 의견에 동의하는 것을, 의미하는 것이 아니라, 자기의 생각이나 판단 없이 무조건 따라 하는 것을 의미한다. 이는 자신의 주체성을 상실하고, 비판적인 사고 능력이 부족하다는 것을 인정하는 것이며, 다양한 정보를 얻고, 여러 가지 관점을 고려하여 자신의 의견을 명확하게 표현할 수 있도록 해야 한다.

附和雷同 남들의 의견을 그대로 따르거나 덩달아서 같이 행동함

附 : 붙을 부, 8획 ———————————————— 부수 : 阝

阜(언덕 부)와 付(줄 부)가 합하여 이루어진 모습으로, 언덕을 기어 올라간다는 의미에서 '붙다', '붙이다', '보내다'라는 뜻을 가지게 되었다.

和 : 화할 화, 8획 ———————————————— 부수 : 口

禾(벼 화)와 口(입 구)가 합하여 이루어진 모습으로, '화목하다', '온화하다'하는 뜻을 가진 글자이다.

雷 : 우레 뇌, 13획 ———————————————— 부수 : 雨

雨(비 우)와 田(밭 전)이 합하여 이루어진 모습으로, '우뢰', '천둥', '사나움'이라는 뜻을 가진 글자이다.

同 : 한 가지 동, 6획 ———————————————— 부수 : 口

凡(무릇 범)과 口(입 구)가 합하여 이루어진 모습이다. 口(구)를 제외한 부분은 덮어 가린 일정한 장소의 의미로, 사람들[口]이 일정 장소에 '모이다'는 의미로 생성되었으며, 후에 함께 모였다는 의미에서 '한가지', '같다' 등의 의미 파생되었다.

부화뇌동 이렇게 표현하자

"조직 사회에서는 자기주장을 강하게 내세우는 사람보다는 어쩌면 자기 주관 없이 '부화뇌동'하는 사람이 더 오래 살아남을 수도 있다."

분서갱유

焚書坑儒

책을[書] 불사르고[焚] 선비들[儒]을 구덩이[坑]에 매장함

전국시대를 종식시킨 진시황은 스스로 시황제를 칭하고 중앙집권제를 강화하였다. 진시황 34년 함양궁에서 술자리가 베풀어졌다. 신하들은 군현제도와 봉건제도의 부활을 주장하며 서로 다른 주장을 놓고 대립하고 있었다. 이때 승상 이사(李斯)는 봉건제도는 임금의 권위를 떨어뜨리고 당파를 조성하는 결과를 가져오게 되므로 이를 금해야 한다는 의견을 내놓았다. 또한 사관(史官)이 맡고 있는 진나라 기록과 의약, 복술, 농경 등에 관한 서적을 제외하고는 모든 책을 태워 없애야 한다고 말했다.

시황은 이사의 말을 채택하여 실시케 했는데 이것이 분서(焚書)이다. 이듬해인 35년에 진시황이 불로장생을 원한 나머지 신선술을 가진 방사(方士)들을 불러 모았는데 그들 중에서 후생(後生)과 노생(盧生)을 우대했다. 그러나 후한 대접을 받은 이들이 시황제를 비난하면서 도망쳐 버리자 화가 난 시황제는 정부를 비난하는 학자들을 모조리 잡아다가 심문하고 그 결과 법에 저촉된 460여 명을 함양성 안에 구덩이를 파고 묻게 하였다. 이것을 바로 갱유(坑儒)라고 불렀는데, 이 두 사건을 합쳐 분서갱유라고 한 것이다.

'분서갱유'는 언론 자유, 표현의 자유, 학문의 자유 등이 침해받는 상황에서 비판적으로 언급되고 있다. 또한, 인터넷 시대에는 과거보다 더욱 효과적으로 정보를 통제하고 사람들의 사고를 조종할 수 있기 때문에, 분서갱유의 위험성이 더욱 커졌다는 지적도 있음을 알아야 한다.

焚書坑儒 지식인들을 탄압하는 행위를 뜻하는 말

焚 : 불사를 분, 12획 ──────────────── 부수 : 火

火(불 화)와 林(수풀 림)이 합하여 이루어진 모습으로, 숲에 불을 놓아 사냥한다는 의미에서 '불사르다', '불태우다', '타다'라는 뜻을 가진 글자로 쓰이고 있다.

書 : 글 서, 10획 ──────────────── 부수 : 日

聿(붓 율)과 日(가로 왈)이 합하여 이루어진 모습으로, 손에 붓을 들고 있은 모습을 표현한 것에서 '글'이나 '글씨', '글자'라는 뜻을 가지게 되었다.

坑 : 구덩이 갱, 7획 ──────────────── 부수 : 土

土(흙 토)와 亢(높을 항)이 합하여 이루어진 모습으로, '구덩이', '갱도'의 뜻을 가진 글자이다.

儒 : 선비 유, 16획 ──────────────── 부수 : 亻

人(사람 인)과 需(구할 수)가 합하여 이루어진 모습으로, 덕을 지닌 사람이나 가르치는 사람을 의미하여 '선비'나 '유교'라는 뜻을 가진 글자가 되었다.

분서갱유 이렇게 표현하자

"사상과 표현의 자유를 과도하게 제약하고 지식인들을 탄압하는 것은 현대판 '분서갱유'다."

비육지탄
髀肉之嘆

허벅지[髀]에 살이[肉] 찜을 한탄함[嘆]

장수가 오랫동안 말을 타지 못하여 넓적다리에 살이 찌는 것을 한탄하는 뜻으로 재능과 역량을 발휘할 기회를 가지지 못하여 헛되이 세월만 보냄을 탄식할 때 쓰는 말이다.

유비(劉備)가 조조(曹操)에게 쫓겨 기주, 여남, 등질로 전전하다가 끝내는 형주의 유표(劉表)에게 몸을 의탁하여, 신야(新野)라는 작은 성(城) 하나를 맡아보고 있었다.

어느 날 유비는 유표의 초대를 받아 술을 마시고 잠시 화장실을 갔는데 자신의 넓적다리가 유난히 살이 찐 것을 발견하고 순간 슬픈 생각이 치밀어 눈물이 쏟아졌다.

자리로 돌아온 유비의 얼굴에서 눈물 자국을 발견한 유표가 그 까닭을 물었다.

유비는 "지금까지 말안장에서 하루도 떠난 적이 없어 넓적다리에 살이 붙은 적이 없었는데, 오랫동안 말을 타지 않으니 이렇게 살이 붙었습니다. 세월 가는 데에 아무런 공도 세우지 못하는 신세가 슬프고 한탄스러울 뿐입니다."라고 대답했다.

여기에서 비육지탄(髀肉之嘆)이란 말이 사용되었다.

그 후 '비육지탄'은 실력을 발휘할 기회가 주어지지 않거나, 세상에서 공을 이루지 못하고 허송세월을 보낼 때, 한탄하는 의미로 쓰인다.

髀肉之嘆 부질없이 세월을 보내며 공을 세우지 못함을 탄식한 말.

髀 : 넓적다리 비, 18획 ──────────────── 부수 : 骨

骨(뼈 골)과 卑(낮을 비)가 합하여 이루어진 모습으로, '넓적다리'를 뜻하는 글자이다.

肉 : 고기 육, 6획 ──────────────── 부수 : 肉

고깃덩어리에 칼집을 낸 모양을 그린 것으로 '고기'라는 뜻을 갖고 있다. 그러나 肉(육)이 단독으로 쓰일 때만 고기를 뜻하고 다른 글자와 결합할 때는 주로 사람의 신체와 관련된 '살','몸'의미를 전달하는 글자이다.

之 : 갈 지, 4획 ──────────────── 부수 : 丿

갑골문자를 보면 발을 뜻하는 止(발 지)가 그려져 있는데 사람의 발을 그린 것으로 '가다'나 '~의', '~에'와 같은 뜻으로 쓰이는 글자이다.

嘆 : 탄식할 탄, 15획 ──────────────── 부수 : 欠

口(입 구)와 廿(스물 입), 口(입 구), 夫(지아비 부)가 합하여 이루어진 모습으로, '탄식하다', '한숨쉬다'라는 뜻을 가진 글자이다.

비육지탄 이렇게 표현하자

"그는 연령을 불문하고 진취적으로 일하며, 절대로 '비육지탄'하는 모습을 보이지 않는다."

사면초가
四面楚歌

사방[四] [面]이 초나라[楚]의 노래[歌]

초한의 전쟁. 거의 7년간을 끌어온 전쟁이 막바지에 접어든 것은 해하(垓下)의 싸움이었다. 한신의 추격군은 한발 한발 조여 오는데 이미 초나라 병사들은 군량미는 바닥이 나고 전의도 상실한 상태였다.

"이제 결판을 낼 때가 온 것 같다."

장량은 이곳저곳에 초나라 노래를 잘하는 사람을 풀어놓았다. 그리고 그들은 장량의 신호를 받아 초나라 노래를 불렀다. 고향을 떠나온 지 여러 해 만에 듣는 고향의 노래. 초나라 병사들은 향수병을 이기지 못하고 결국 깊은 밤에 도망을 쳤다.

"어찌 사방에서 초나라 노랫소리가 들린단 말인가? 천하가 모두 한나라 수중에 들어갔단 말인가?"

뒤늦게 이 사실을 안 항우는 이제는 모든 것이 끝장이라 생각하고 우미인과 마지막 결별 연을 베풀었다.

이미 사태가 돌이킬 수 없는 지경에 이르렀음을 깨닫고 우미인은 항우의 품에서 자결하고, 항우 역시 다음날 오강에서 자결하였다.

'사면초가'는 단순히 적에게 포위된 상황을 의미하는 것이 아니라, 그러한 상황에서 느껴지는 절망과 고독감, 또는 아무런 도움도 받을 수 없는 무력감을 표현할 때 사용하는 말이다.

四面楚歌 누구의 도움도 받을 수 없는 고립된 상태

四 : 넉 사, 5획 ──────────────────── 부수 : 口

숫자 '넷'을 뜻하는 글자이다. 그런데 四(사)의 갑골문을 보면 긴 막대기 네 개를 그린 亖(넉 사)가 그려져 있었다.

面 : 낯 면, 9획 ──────────────────── 부수 : 面

갑골문을 보면 길쭉한 타원형 안에 하나의 눈만이 그려져 있다. 사람의 얼굴을 표현한 것으로, 단순히 '얼굴'만을 뜻하지는 않는다. 사람의 얼굴에서 비롯되는 '표정'이나 '겉모습'이라는 뜻으로도 쓰인다.

楚 : 회초리 초, 초나라 초, 13획 ──────────── 부수 : 木

林(수풀 림(임))과 疋(짝 필)이 합하여 이루어진 모습으로, '나라 이름'과 '회초리', '가시나무'를 뜻하는 글자이다.

歌 : 노래 가, 14획 ──────────────────── 부수 : 欠

哥(노래 가)와 欠(하품 흠)이 합하여 이루어진 모습이다. 可(가)는 발음이면서 소리를 낸다는 의미까지 포함하고, 欠(흠)은 입을 벌린다는 의미로 '노래하다', '읊다'는 뜻으로 쓰이는 글자이다.

사면초가 이렇게 표현하자

"저렇게 자기 혼자만 잘난 줄 알고 함부로 행동하다가는 나중에 어려운 상황에 부닥쳤을 때 아무도 도와주지 않는 '사면초가'에 놓일 수 있다."

사친이효
事親以孝

부모님[親]을 효로써[孝] [以] 섬기다[事]

세속오계(世俗伍戒)는 신라 진평왕 때 승려 원광(圓光)이 화랑에게 일러 준 다섯 가지 계율이다.

원광이 수나라에서 구법(求法)하고 귀국한 후, 화랑 귀산(貴山)과 추항(箒項)이 찾아가 일생을 두고 경계할 금언을 청하자, 원광이 이 오계를 주었다고 한다.

이 세속오계는 뒤에 화랑도의 신조가 되어, 화랑도가 크게 발전하고 삼국통일의 기초를 이룩하는 데 크게 기여하였다.

세속오계는 다음과 같다.

사군이충(事君以忠) : 임금을 충으로써 섬겨야 한다.
사친이효(事親以孝) : 부모님을 효로써 섬겨야 한다.
교우이신(交友以信) : 벗을 믿음으로써 사귀어야 한다.
임전무퇴(臨戰無退) : 전쟁에 임하여 물러나지 아니한다.
살생유택(殺生有擇) : 살생을 함부로 하지 아니한다.

'세속오계'는 단순히 규율을 따르는 것을 넘어, 진정한 인간으로서 바르고 올바르게 살아야 한다는 의미를 담고 있다. 또한, 개인과 사회, 국가와의 관계에서 어떻게 행동해야 하는지에 대한 지침을 가르쳐 주고 있으며, 우리 삶의 윤리적 기준으로 삼을 수 있는 귀중한 가르침이다.

事親以孝 세속오계의 하나로, 부모님을 효도로 섬겨야 한다

事 : 일 사, 8획 ──────────────────────── 부수 : 亅

旹(뜻 지)와 ⺺(붓 사)가 합하여 이루어진 모습으로, 정부 관료인 '사관'을 의미하여, '일', '직업', '섬기다'라는 뜻을 가진 글자가 되었다.

親 : 친할 친, 16획 ─────────────────── 부수 : 見

立(설 립)과 木(나무 목), 見(볼 견)이 합하여 이루어진 모습으로, 눈앞에 보이는 아주 가까운 사람이라는 의미에서 '친하다', '가깝다'라는 뜻을 가진 글자가 되었다.

以 : 써 이, 5획 ──────────────────────── 부수 : 人

'~로써'나 '~에 따라', '~부터'와 같은 뜻으로 쓰이는 글자이다. 갑골문을 보면 수저와 같은 모양이 그려져 있는데, 밭을 가는 도구이거나 탯줄을 뜻하는 것으로 추측하고는 있지만, 아직 명확한 해석은 없다.

孝 : 효도 효, 7획 ──────────────────── 부수 : 子

耂(늙을 로)와 子(아들 자)가 합하여 이루어진 모습으로, 효도', '부모를 섬기다'라는 뜻을 가진 글자이다.

사친이효 이렇게 표현하자

"사회에서 '사친이효'의 중요성을 강조하기 때문에, 부모님께 예의를 갖춰 행동하는 것이 중요하다."

살신성인
殺身成仁

몸[身]을 희생[殺]하여 인[仁]을 이룬다[成]

공자가 『논어』의 「이인편」에서 말했다.

"군자가 인(仁)을 떠나 어떻게 군자가 될 수 있느냐?"

여기에서 공자가 말하는 인의 설명은 간단하지 않다. 인을 이해하기 위해서는 무엇보다 군자가 되는 것이 어떤 것인지를 살펴볼 필요가 있다. 「위령공편」에 있는 얘기다.

"공자가 말하기를, 참다운 인간이 되고자 뜻하는 지사나 인이 있는 사람은 생명을 아껴 인에 어긋나는 행동을 하지 않으며 생명을 버려, 인을 이룬다."

『논어』의 「태백편」에는 이런 내용이 있다.

"군자는 의연하고 확고한 마음을 지니지 않으면 안 된다. 그것은 자신의 짐이 무겁고 갈 길이 멀기 때문이다. 그렇다면 지고 있는 짐은 무언가. 인(仁)이다. 인이 무거울 수밖에 없는 것은 죽을 때까지 노력해야 하기 때문이다. 다시 말해 다른 사람을 위해 스스로 희생시키는 것이 살신성인(殺身成仁)이지만 공자는 인을 이루기 위해 살신 한다는 결의를 품었다."

'살신성인'은 공동체의 이익을 위해 헌신하고, 정의로운 일을 위해 개인의 안일함을 극복하고, 책임감 있는 행동을 하는 것이 중요하다.

殺身成仁 옳은 일을 위하여 자기 몸을 희생함

殺 : 죽일 살, 11획 ——————————————————— 부수 : 殳
殺(죽일 살)과 殳(몽둥이 수)가 합하여 이루어진 모습이다. 해를 끼치는 미상의 동물을 몽둥이로 때려죽이는 의미로 '죽이다', '죽다', '없애다'라는 뜻을 가진 글자이다.

身 : 몸 신, 7획 ——————————————————— 부수 : 身
'몸'이나 '신체'를 뜻하는 글자로, 갑골문자를 보면 배가 볼록한 임신한 여자가 그려져 있으며 본래 의미는 '임신하다', '(아이를)배다'라는 뜻이다.

成 : 이룰 성, 7획 ——————————————————— 부수 : 戈
戊(창 모)와 丁(못 정)이 합하여 이루어진 모습으로, 충실하고 성하게 이루어져 간다는 의미에서 '이루다'나 '갖추어지다', '완성되다'라는 뜻을 가진 글자이다.

仁 : 어질 인, 4획 ——————————————————— 부수 : 亻
人(사람 인)과 二(두 이)가 합하여 이루어진 모습으로, '어질다'나 '자애롭다', '인자하다'라는 뜻을 가진 글자이다.

살신성인 이렇게 표현하자

"그의 '살신성인'의 헌신은 공공복지를 위해 자신의 건강을 희생하는 것을 망설이지 않았다."

삼고초려
三顧草廬

초가집[草] [廬]을 세 번[三] 가다[顧]

후한 말엽 조조에게 쫓기어 형주(荊州)의 유표(劉表)에게 몸을 의탁하고 있던 유비(劉備)에게 어느 날 서서(徐庶)가 찾아왔다. 서서는 유비에게 다음과 같이 충언하였다.

"주군께서는 많은 장수들을 거느리고 계시지만, 그 장수들을 이끌어줄 유능한 군사(軍師, 군을 통솔하고 책략을 내는 사람)가 없어 힘을 쓰지 못하고 있으니 저의 친구 제갈공명을 찾아가 모셔 오십시오."

유비는 즉시 수레에 예물을 싣고 양양 땅에 있는 제갈량의 초가집을 찾아갔으나 집에 없었다. 며칠 후 또 찾아갔으나 역시 없었다. '그까짓 제갈공명이 뭔데'하며 다시 찾아오지 말자고 불평하는 관우와 장비의 만류를 물리치고 유비는 세 번째 방문길에 나섰다.

그 열의에 감동한 제갈량은 이렇게 말했다.

"신은 원래 서민으로 남양에서 밭을 갈고 있었습니다. 선제께서는 비천한 신분을 싫어하지 않으시고 몸을 굽히시어 신의 초가집을 세 번이나 찾아주시니, 이에 감격하여 충성할 것을 맹세하겠습니다."

마침내 제갈량은 유비의 군사가 되어 적벽대전에서 조조의 100만 대군을 격파하는 등 많은 전공을 세웠다. 유비는 제갈량과 자기의 사이를 '물과 물고기 사이'라고 하였다. '초가집을 세 번 찾아간다'는 뜻의 삼고초려는 이렇듯 유비가 제갈공명을 세 번이나 몸소 찾아가 군사로 모시고 온 데서 나온 말이다.

三顧草廬 인재를 맞아들이기 위하여 참을성 있게 노력함

三 : 석 삼, 3획 ──────────────────────── 부수 : 一

나무막대기 세 개를 늘어놓은 모습을 그린 것으로, '셋'이나, '세 번', '거듭'이라는 뜻을 가진 글자이다.

顧 : 돌아볼 고, 21획 ──────────────────── 부수 : 頁

雇(품 팔 고)와 頁(머리 혈)이 합하여 이루어진 모습으로, '돌아보다'나 '방문하다'라는 뜻을 가진 글자이다. 머리를 돌려 뒤를 돌아보는 것에서 사방을 둘러보거나, 마음에 두고 생각한다는 의미에서 생성되었다.

草 : 풀 초, 10획 ────────────────────── 부수 : 艹

艹(풀 초)와 早(일찍 조)가 합하여 이루어진 모습으로, '풀'을 뜻하며, '엉성하다', '보잘것 없다'라는 뜻으로도 파생되어 있다.

廬 : 오두막 려, 19획 ──────────────── 부수 : 广

广(집 엄)과 盧(성씨 로(노))가 합하여 이루어진 모습으로, '농막집', '주막'이라는 뜻을 가진 글자이다.

삼고초려 이렇게 표현하자

"지지도가 떨어져 있는 당의 미래를 위해서라면 '삼고초려'라도 해서 그분을 모셔 와야만 합니다."

삼인성호
三人成虎

세[三] 사람[人]이 호랑이[虎]를 만듦[成]

전국시대에 외교적 관례에 따라 위나라의 방총(龐葱)이 태자를 모시고 한단으로 가면서 왕의 관심이 자신에게 멀어질 것을 걱정하며 위혜왕에게 물었다.

"마마, 어떤 사람이 달려와 거리에 범이 나타났다고 하면 믿겠습니까?"

"믿지 않지."

"그렇다면 두 사람이 그런 말을 하면 어쩌시렵니까?"

"역시 믿지 않을 것이오."

"만약, 세 사람이 똑같이 범이 나타났다고 하면 믿겠습니까?"

"그땐 믿을 것이오."

방총은 나직이 한숨을 내쉬며 말했다.

"거리에 범이 나타나는 것은 있을 수 없는 일입니다. 그런데도 세 사람이 그런 말을 하면 믿게 됩니다. 마마, 조나라의 한단은 먼 길입니다. 그곳을 가고 오는 데에 여러 날이 걸릴 것입니다. 그거다 보니 소신을 비난하는 사람이 있겠지요. 부디 귀담아 듣지 마시옵소서."

"염려 마시오. 무슨 말을 하든 과인은 두 눈으로 본 것이, 아니면 믿지 않을 것이오."

그런데 방총이 한단으로 떠나자마자 혜왕에게 참언을 하는 사람들이 있었다. 그 후 세월이 흘러 태자는 볼모의 처지에서 풀려나 귀국했으나, 사람들의 참언을 들은 혜왕에게 의심받은 방총은 끝내 귀국할 수 없었다고 한다.

三人成虎 근거 없는 말도 여러 사람이 하면 이를 믿게 됨

三 : 석 삼, 3획 ─────────────────────── 부수 : 一
나무막대기 세 개를 늘어놓은 모습을 그린 것으로, '셋'이나, '세 번', '거듭'이라는 뜻을 가진 글자이다.

人 : 사람 인, 2획 ─────────────────────── 부수 : 人
팔을 지긋이 내리고 있는 사람을 본뜬 것으로 '사람'이나 '인간'이라는 뜻을 가진 글자이다. 人(인)이 부수로 쓰일 때는 주로 사람의 행동이나 신체의 모습, 성품과 관련된 의미를 전달하게 된다.

成 : 이룰 성, 7획 ─────────────────────── 부수 : 戈
戊(창 모)와 丁(못 정)이 합하여 이루어진 모습으로, 충실하고 성하게 이루어져 간다는 의미에서 '이루다'나 '갖추어지다', '완성되다'라는 뜻을 가진 글자이다.

虎 : 범 호, 8획 ─────────────────────── 부수 : 虍
虍(호피 무늬 호)와 儿(어진 사람 인)이 합하여 이루어진 모습이다. 호랑이의 모양을 본뜬 것으로, '호랑이'나 '용맹스럽다'라는 뜻을 가진 글자이다.

삼인성호 이렇게 표현하자

"요즘 SNS나 유튜브를 통해 넘쳐나는 가짜뉴스로 인해 악의적으로 조작된 잘못된 정보를 사실로 믿기 쉬운 세상이 되었다. 이것이 현대판 '삼인성호다.'"

삼천지교
三遷之教
세 번[三] 옮겨[遷] [之] 교육함[教]

맹자(孟子)는 전국시대 유학자의 중심인물로서, 성인(聖人) 공자에 버금가는 인물이다.

하지만 공자처럼 생이지지(生而知之)했다고 추앙되지도 않았고, 석가모니처럼 태어나자마자 걸음을 걸으며 천상천하 유아독존(天上天下 唯我獨尊)이라고 했다는 신화도 가지고 있지 않다.

독학자였던 맹자의 노력과 의지도 남다르지만, 무엇보다도 교육환경이 중요하다는 것을 알고 있는 그의 어머니는 넉넉지 않은 형편임에도 불구하고 아들의 교육을 위해 세 번이나, 이사를 했다.

처음에 맹자의 어머니는 묘지 근처에 살고 있었는데, 어린 맹자가 묘지를 파거나 장례 지내는 흉내를 내며 놀자 교육상 좋지 않다고 시장 근처로 이사했다. 그런데 이번에는 맹자가 물건을 팔고 사는 장사꾼 흉내를 내자, 이곳 역시 안 되겠다고 판단하고 서당 근처로 이사했다. 그러자 맹자는 제구를 늘어놓고 제사 지내는 흉내를 내며 놀았다. 서당에서는 유교에서 가장 중히 여기는 예절을 가르치고 있었기 때문이다.

맹자 어머니는 '이런 곳이야말로 자식을 기르는 데 더할 나위 없이 좋은 곳이다.'라며 만족했다.

'삼천지교'는 자녀 교육의 중요성을 강조하는 고사이지만, 현대 사회에서는 자녀가 좋은 환경에서 성장할 수 있도록 부모가 적극적으로 관심을 가지고 노력해야 하는 것이다.

三遷之教 맹자를 가르치기 위해 세 번이나 이사 다녔다는 고사

三 : 석 삼, 3획 ──────────────────── 부수 : 一
나무막대기 세 개를 늘어놓은 모습을 그린 것으로, '셋'이나, '세 번', '거듭'이라는 뜻을
가진 글자이다.

遷 : 옮길 천, 15획 ──────────────── 부수 : 辶
辶(쉬엄쉬엄 갈 착)과 䙴(오를 선)이 합하여 이루어진 모습으로, 터전을 옮긴다는 의미에서
'옮기다'나 '떠나가다'라는 뜻을 가진 글자이다.

之 : 갈 지, 4획 ──────────────────── 부수 : 丿
갑골문자를 보면 발을 뜻하는 止(발 지)가 그려져 있는데 사람의 발을 그린 것으로 '가
다'나 '~의', '~에'와 같은 뜻으로 쓰이는 글자이다.

教 : 가르칠 교, 11획 ──────────────── 부수 : 攵
爻(효 효)와 子(아들 자), 攵(칠 복)이 합하여 이루어진 모습으로, 아버지가 자식에게 글자
를 가르치는 모양에서 '가르치다'나 '가르침'이라는 뜻을 가진 글자가 되었다.

삼천지교 이렇게 표현하자

"내가 이렇게 성공할 수 있었던 것은, 어머니의 '삼천지교' 노력 덕분이다."

상전벽해
桑田碧海

뽕나무[桑] 밭[田]이 푸른[碧] 바다[海]가 됨

상전벽해라는 말이 처음 모습을 드러내는 것은 『신선전(神仙傳)』에서 유래가 되었다.

신선전에서 마고 선녀가 신선 왕방평(王方平)에게 말했다.

"제가 신선님을 모신 이래로 뽕나무밭이 세 번이나 푸른 바다로 바뀌는 것을 보았습니다. 이번 봉래에 가서 본 바다는 다시 얕아져 이전의 반 정도로 줄어있었는데, 다시 육지로 바뀌려는 것일까요?"

또한 당나라의 유정지(劉廷芝)는 『대비백발옹(代悲白髮翁)』이라는 시에서 이렇게 읊었다.

낙양성 동쪽의 복숭아꽃 오얏꽃
이리저리 휘날려 뉘 집에 떨어지나,
낙양의 어린 소녀 고운 얼굴 만지며
떨어지는 꽃 바라보며 한숨 짓는다.
꽃이 지면 그 얼굴엔 나이 또 들어
내년에 피는 꽃은 누가 보아주나.

'상전벽해'는 뽕나무밭이 푸른 바다로 변한다는 의미에서 몰라보게 달라진 세상 풍경을 비유한 말이다. 변화는 끊임없이 일어나는 것이며, 우리는 변화에 적응하고 대처할 수 있는 능력을 키워야 한다. 변화 속에서도 희망을 잃지 않고 새로운 가능성을 모색하는 것이 중요하다.

桑田碧海 세상이 몰라볼 정도로 바뀐 것을 의미함

桑 : 뽕나무 상, 10획 ─────────────────── 부수 : 木

木(나무 목)과 叒(땅이름 약)이 합하여 이루어진 모습이다. 뽕잎의 많음으로 보거나 사람의 손이 많이 가는 나무를 의미하여 '뽕나무'나 '뽕잎을 따다'라는 뜻을 가진 글자가 되었다.

田 : 밭 전, 5획 ─────────────────── 부수 : 田

'밭'이나 '경작지'를 뜻하는 글자이다. 정지작업을 해 놓은 밭고랑으로 이어진 밭의 모양을 본뜬 것으로, 부수로 쓰일 때는 대부분이 '밭'이나 '농사'와 관련된 의미를 전달 한다.

碧 : 푸를 벽, 14획 ─────────────────── 부수 : 石

珀(호박 박)과 石(돌 석)이 합하여 이루어진 모습으로, '푸르다'나 '푸른빛', '푸른 옥'이라는 뜻을 가진 글자이다. 푸른 옥돌의 의미에서 '짙은 푸른빛'의 의미가 만들어졌다.

海 : 바다 해, 10획 ─────────────────── 부수 : 氵

水(물 수)와 每(매양 매)가 합하여 이루어진 모습으로, 큰물을 의미하여 '바다'나 '바닷물', '크다', '널리'라는 뜻을 가진 글자이다.

상전벽해 이렇게 표현하자

"어린 시절 친구들과 뛰놀던 고향은 '상전벽해'라는 비유가 어울릴 만큼 큰 건물과 아파트가 세워져 많은 변화가 일어났다."

새옹지마
塞翁之馬

변방[塞] 늙은이[翁]의 말[馬]

중국 변방에 점을 잘 치는 노인이 살고 있었는데, 어느 날 그 노인의 말이 국경을 넘어 오랑캐 땅으로 도망을 쳤다. 마을 사람들이 찾아와 그를 위로하자 그는 조금도 걱정하는 빛이 아니었다. 그는 밝은 얼굴로 이렇게 말했다.

"이것이 복이 될 줄 어찌 알겠소."

몇 달이 지나자 도망갔던 그 말이 오랑캐의 좋은 말을 한 필 끌고 돌아왔다. 마을 사람들이 찾아와, 축하해주었고 그 노인은 또 이렇게 말했다.

"이것이 또 화가 될지 어찌 알겠소."

어느 날 그의 아들이 그 오랑캐 말로 말타기하다가 떨어져 다리가 부러졌다. 사람들이 안 되었다고 위로하자 "이것이 복이 될지 누가 알겠소." 하며 무표정하게 말했다.

1년 후 오랑캐가 쳐들어와 마을 젊은이들이 전쟁터로 끌려 나가 목숨을 잃었으나 노인의 아들은 불구자이기 때문에 전쟁터에 나가지 않고 목숨을 부지할 수 있었다.

'새옹지마'는 여기서 유래된 말로 인간의 길흉화복, 영고성쇠는 그 변화를 예측할 수 없다는 뜻으로 쓰인다. 변화에 대한 두려움보다는 긍정적인 마음과 희망을 가지고 살아가는 것이 중요하다는 것을 가르쳐 주고 있다.

塞翁之馬 인생의 길흉화복은 변화가 많아 예측하기 어렵다

塞 : 변방 새, 13획 ──────────────── 부수 : 土

寒(틈 하)와 土(흙 토)가 합하여 이루어진 모습으로 '변방'이나 '요새', '보루'라는 뜻을 가진 글자이다. 집처럼 생긴 상자 안에 죽간(竹簡 : 문자를 기록하던 대나무 조각)을 넣고 있는 모습이 그려져 있다.

翁 : 늙은이 옹, 10획 ──────────────── 부수 : 羽

公(공평할 공)과 羽(깃 우)가 합하여 이루어진 모습으로, 새의 목에 난 깃털의 의미인데, 장식을 한 높은 아버지나 노인의 존칭으로 '늙은이'나 '어르신'이라는 뜻을 가진 글자가 되었다.

之 : 갈 지, 4획 ──────────────── 부수 : 丿

갑골문자를 보면 발을 뜻하는 止(발 지)가 그려져 있는데 사람의 발을 그린 것으로 '가다'나 '~의', '~에'와 같은 뜻으로 쓰이는 글자이다.

馬 : 말 마, 10획 ──────────────── 부수 : 馬

갑골문을 보면 '말'의 모양을 본뜬 모습으로, 말의 특징을 표현하기 위해 큰 눈과 갈기가 함께 그려져 있으며, '말'을 뜻하는 글자이다.

새옹지마 이렇게 표현하자

"네가 그 대회에서 탈락한 건 아쉽지만, 그 덕분에 더 많은 연습 시간을 가질 수 있게 됐잖아. 이게 바로 '새옹지마'라는 거야."

수구초심
首丘初心

언덕[丘]에 머리[首]를 두고 초심[初][心]으로 돌아간다

강태공(姜太公)은 은나라 말기 어수선한 시절에 태어나 자신이 섬길 주인을 기다리며 백발노인이 될 때까지 매일 낚시만 하며 세월을 낚던 인물이다.

그러다 주나라의 문왕을 만나 문왕의 스승이 되었고 문왕의 경쟁자였던 은나라의 주왕을 멸망시켜 주나라가 천하의 패자가 되는 데 크게 도움을 주었다.

그리고 그 공적으로 강태공은 제나라를 봉함으로 받아 제나라의 시조가 되고 그곳에서 죽는다.

하지만 그를 포함해 5대손에 이르기까지 자손 모두 주나라 천자의 땅에 장사지내졌는데, 이를 두고 당시 사람들은 "음악은 그 자연적으로 발생하는 바를 즐기며, 예(禮)란 근본을 잊어서는 아니 되는 것이다. 여우가 죽을 때에 자기가 살던 곳으로 머리를 똑바로 하는 것은, 비록 짐승이지만 근본을 잊지 못하는 본능적인 행동이다."라고 말했다. 이것을 사람에게 비추어 보면 인(仁)에 적합하다는 것이다.

'수구초심'은 고향에 대한 그리움을 나타내는 표현이지만, 자신의 근본을 잊지 않고, 처음 마음을 간직하며, 어떤 어려움 속에서도 자신의 신념을 지키는 것이 중요하다는 것을 가르쳐주는 표현이다.

首丘初心 근본을 잃지 않음. 또는 고향을 그리워하는 마음

首 : 머리 수, 9획 ──────────────────────── 부수 : 首

艹(초두머리 초)와 自(스스로 자)가 합하여 이루어진 모습으로, 사람의 코[自] 위에 이마와 머리를 표시해 '머리'나 '우두머리'라는 뜻을 가진 글자가 되었다.

丘 : 언덕 구, 5획 ──────────────────────── 부수 : 一

一(한 일)과 斤(근 근)이 합하여 이루어진 모습으로, '언덕'이나 '구릉'이라는 뜻을 가진 글자이다.

初 : 처음 초, 7획 ──────────────────────── 부수 : 刀

衤(옷 의)와 刀(칼 도)가 합하여 이루어진 모습으로 '처음'이나 '시작'이라는 뜻을 가진 글자이다. 옷을 만들 때 옷감을 마름질하는 의미로 옷 만드는 첫 번째 과정이라는 의미에서 '처음'의 의미 생성되었다.

心 : 마음 심, 4획 ──────────────────────── 부수 : 心

'마음'이나 '생각', '심장', '중앙'이라는 뜻을 가진 글자이다. 사람의 심장 모양을 본뜬 글자로 고대에는 사람의 뇌에서 지각하는 개념을 모두 심장에서 나오는 것으로 인식해 '마음'의 의미로 쓰이게 되었다.

수구초심 이렇게 표현하자

"'수구초심'이라고 나이가 드니 고향 생각이 더 난다."

수석침류
漱石枕流
돌[石]로 양치질[漱]하고 흐르는[流] 물을 베개[枕] 삼다

진나라 초엽, 풍익태수(馮翊太守)를 지낸 손초(孫楚)가 벼슬길에 나가기 전에 있었던 일이다.

당시에는 속세의 도덕 명문(名聞)을 경시하고 노장(老莊)의 철리(哲理)를 중히 여겨 담론하는 이른바 청담(淸談)이 사대부 간에 유행했다.

손초도 죽림칠현(竹林七賢)처럼 속세를 떠나 산림에 은거하기로 작정했다. 그리고 어느 날, 친구인 왕제에게 흉금을 털어놓았다. 그런데 이때 '돌을 베개 삼아 눕고, 흐르는 물로 양치질한다'고 해야 할 것을, '돌로 양치질하고, 흐르는 물을 베개로 삼는다(漱石枕流)'고 잘못해서 반대로 말했다.

왕제가 웃으며 실언임을 지적하자, 자존심이 강한데다 문재(文才)까지 뛰어난 손초는 서슴없이 이렇게 강변했다.

"흐르는 물을 베개로 삼겠다는 것은, 옛날 은사인 허유(許由)처럼 쓸데없는 말을 듣게 되면 귀를 씻기 위함이고, 돌로 양치질을 한다는 것은 이를 닦기 위해서라네."

'수석침류'는 말의 오류를 비판하는 표현이지만, 논리적 근거가 부족한 주장, 허위 사실, 억지, 변명 등을 비판하며, 진실과 정의를 추구하는 중요성을 일깨워주는 의미 있는 표현이다.

漱石枕流 말의 실수를 인정하지 않고 억지를 부리는 태도

漱 : 양치질할 수, 14획 ──────────────── 부수 : 氵

氵(삼수변 수)와 欶(기침할 수)가 합하여 이루어진 모습으로, '양치질하다', '빨다', '씻다'
라는 뜻을 가진 글자이다.

石 : 돌 석, 5획 ──────────────────── 부수 : 石

벼랑 끝에 매달려 있는 돌덩이를 본뜬 모습으로, '돌'이라는 뜻을 가진 글자이다. 石(돌
석)이 부수로 쓰일 때는 주로 '돌의 종류'나 '돌의 상태',와 관련된 의미를 전달한다.

枕 : 베개 침, 8획 ─────────────────── 부수 : 木

木(나무 목)과 冘(나아갈 임)이 합하여 이루어진 모습으로, '베개', '베다', '잠자다'라는 뜻
을 가진 글자이다.

流 : 흐를 류(유), 10획 ──────────────── 부수 : 氵

水(물 수)와 㐬(깃발 유)가 합하여 이루어진 모습으로, '흐르다'나 '전하다', '떠돌다'라는
뜻을 가진 글자이다. 물에 어린아이가 떠내려가는 모양으로 보거나, 물살의 흐름을 표현
한 것으로 보아 '흐르다'는 의미가 생성되었다.

수석침류 이렇게 표현하자

"정치인들의 '수석침류'처럼 변명하는 모습이 국민에게 큰 비판을 받고 있다."

수어지교
水魚之交
물[水]과 물고기[魚]의[之] 사귐[交]

중국 삼국시대의 고사로 당시 유비는 관우와 장비와 같은 용장들이 있었지만, 지략이 뛰어난 모사(謀事)가 없었다. 이러한 때에 제갈공명과 같은 사람을 얻었으므로, 유비의 기쁨은 몹시 컸다. 제갈공명은 지금 취해야 할 방침으로 형주(荊州)와 익주(益州)를 눌러서 그곳을 근거지로 할 것, 서쪽과 남쪽의 이민족을 어루만져 뒤의 근심을 끊을 것, 내정을 다스려 부국강병의 실리를 올릴 것, 손권과 결탁하여 조조를 고립시킨 후 시기를 보아 조조를 토벌할 것 등의 천하 평정 계책을 말했다. 유비는 이 말을 듣고 그 계책에 전적으로 찬성하여 그 실현에 힘을 다하게 되었다.

유비가 제갈공명을 절대적으로 신뢰함에 따라 두 사람의 교분은 날이 갈수록 친밀해졌으나, 관우와 장비는 이에 불만을 품게 되었다.

그러자 유비는 관우와 장비를 위로하며 이렇게 말했다.

"내가 제갈공명을 얻은 것은 마치 물고기가 물을 얻은 것과 같다. 즉 나와 제갈공명은 물고기와 물과 같은 사이다. 아무 말도 하지 말기를 바란다."

이렇게 말하자 관우와 장비는 유비와 제갈공명의 교분에 대해 더 이상 불만을 표시하지 않게 되었다.

'수어지교'는 단순히 친한 사이를 의미하는 것이 아니라 서로를 깊이 이해하고 존중하며 격려하는 진정한 우정을 의미하고, 또한 어려움 속에서도 서로를 돕고 지지하며 변함없는 신뢰를 유지하는, 아름다운 우정의 표현이다.

160

水魚之交 물과 물고기처럼 서로 뗄 수 없는 친밀한 사이

水 : 물 수, 4획 ——————————————— 부수 : 水

'물'이나 '강물', '액체'라는 뜻을 가진 글자이다. 글자 모양 가운데의 물줄기와 양쪽의 흘러가는 모습을 본뜬 글자로 물과 관련된 상태나 동작과 관련된 의미로 사용한다.

魚 : 물고기 어, 11획 ——————————————— 부수 : 魚

⺈(칼도 도), 田(밭 전), ⺣(연화발 화)이 합하여 이루어진 모습으로, 물고기를 본뜬 것으로 '물고기'라는 뜻을 가진 글자이다.

之 : 갈 지, 4획 ——————————————— 부수 : 丿

갑골문자를 보면 발을 뜻하는 止(발 지)가 그려져 있는데 사람의 발을 그린 것으로 '가다'나 '~의', '~에'와 같은 뜻으로 쓰이는 글자이다.

交 : 사귈 교, 6획 ——————————————— 부수 : 亠

'사귀다'나 '교제하다', '엇갈리다'라는 뜻을 가진 글자이며, 본래 사람의 두 발을 교차해서 꺾는 모양을 나타내, 고대의 형벌의 한가지였는데, 후에 서로 교차한다는 의미에서 '사귀다'는 의미로 파생되었다.

수어지교 이렇게 표현하자

"형석이와 민호는 어려운 시기에도 서로를 믿고 의지하며 '수어지교'처럼 든든한 버팀목이 되어 주었습니다."

수주대토
守株待兎

그루터기[株]에 머물며[守] 토끼[兎]를 기다림[待]

『한비자(韓非子)』의 '오두편(伍頭篇)'에 있는 이야기 중 하나다. 송나라의 농부가 밭에서 일을하고 있었다. 그때 토끼 한 마리가 갑자기 뛰어오더니 밭 가운데 있는 그루터기에 몸을 부딪쳐 목이 부러져 죽는 것을 보았다. 토끼 한 마리를 공짜로 얻은 농부는 희희낙락하여 중얼거렸다.

"그래 지금부터 이곳에 가만 있으면서 토끼가 그루터기에 부딪혀 죽기만을 기다리자."

농부는 매일 이곳에서 기다리기만 하면 큰 이득을 얻겠다고 생각하고 밭에 앉아 토끼가 오기만을 기다렸다. 그러나 토끼를 두 번 다시 만나지 못했다. 밭에는 잡초가 무성하였으며 결국 농사는 망치고 말았다.

한비자는 낡은 습관에 묶여 세상 변화에 대응하지 못하는 사람들을 이 이야기 속의 농부에 비유했다. 한비자가 살았던 시기는 전국시대 말기인데도 요순의 이상적인 왕도정치만을 숭배하며 그 시절로 돌아갈 것을, 주장하는 사람이 많았다. 그는 시대의 변천은 돌고 도는 것이 아니라 진화하는 것이라, 생각했으며 복고주의는 진화에 역행하는 어리석은 생각이라고 경고했다.

'수주대토'는 과거의 성공 경험에만 안주하고 새로운 도전을 하지 않는 것을 의미하는 말이다. 세상은 끊임없이 변화하고 있으며, 과거의 성공 경험만으로는 미래를 살아갈 수 없다. 새로운 도전을 두려워하지 않고, 변화하는 상황에 적응하며, 꾸준히 노력해야만 성공할 수 있다는 것을 일깨워주는 말이다.

守株待兎 어리석게 한 가지만을 기다리는 융통성 없는 일

守 : 지킬 수, 6획 ──────────────────────── 부수 : 宀

宀(집 면)과 寸(마디 촌)이 합하여 이루어진 모습으로, '지키다', '다스리다'라는 뜻을 가진 글자이다. 마치 손톱을 날카롭게 세운 듯한 모습으로, 집을 '지킨다.'라는 뜻을 표현한 것이다.

株 : 그루 주, 10획 ──────────────────────── 부수 : 木

木(나무 목)과 朱(붉을 주)가 합하여 이루어진 모습으로, 나무처럼 움직이지 않는 단단한 밑바탕이라는 의미에서 '근본'이나 '뿌리'라는 뜻을 가진 글자가 되었다.

待 : 기다릴 대, 9획 ──────────────────────── 부수 : 彳

彳(조금 걸을 척)과 寺(절 사)가 합하여 이루어진 모습이며, '기다리다'나 '대우하다'라는 뜻을 가진 글자이다.

兎 : 토끼 토, 7획 ──────────────────────── 부수 : 儿

본래 긴 귀와 짧은 꼬리를 가진 토끼가 쭈그리고 앉아 있는 모양을 본뜬 것이었으나, 지금의 자형(字形)으로 변했다.

주주대토 이렇게 표현하자

"사업을 성공시키기 위해서는 '수주대토'하는 것보다 능동적인 행동이 중요하다."

순망치한
脣亡齒寒

입술[脣]이 없으면[亡] 이[齒]가 시림[寒]

춘추시대 초기에 진헌공(晉獻公)이 괵(虢)나라를 정벌하러 가는 길에 우(虞)나라로 하여금 길을 열어달라고 사신을 보냈다. 사신으로 온 순식(荀息)은 좋은 말과 야명주를 내놓고 우왕에게 청했다. 길을 빌려 달라는 것이었다.

우왕으로서는 썩 마음에 내키지는 아니했으나 진나라에서 온 예물이 탐이 나 허락했다. 소식을 듣고 궁지기(宮之奇)가 나섰다.

"그것은 아니 됩니다. 대왕께서는 진나라의 예물이 탐이 나 그러시는 모양입니다만, 만약 괵나라가 망하면 우나라도 결코 순탄치 못할 것입니다. 속담에 이르기를 '덧방나무와 수레는 서로 의지한다고 했습니다. 또 입술이 없으면 이가 시리다고 했습니다(輔車相依 脣亡齒寒). 이것은 우리 우나라와 괵나라를 두고 한 말입니다. 어느 한쪽이 무너지면 다른 쪽도 지탱할 수가 없습니다. 그러므로 결코 진나라를 통과해서는 안 됩니다."

그러나 우나라 임금은 사신의 달콤한 유혹과 탐이 난 예물에 현혹되어 궁지기의 말을 귀담아듣지 않았다. 궁지기는 나라가 망할 것을 알고 멀리 떠나버렸다.

164

脣亡齒寒 서로 의지하여 떨어질 수 없는 밀접한 관계

脣 : 입술 순, 11획 —————————————————————— 부수 : 月

辰(지지 진)과 月(육달 월)이 합하여 이루어진 모습으로, '입술'이라는 뜻을 가진 글자이다. 이는 조개 모양으로 생긴 낫을 그린 것으로, 조개가 입술을 닮았기 때문이다.

亡 : 잃을 망, 3획 —————————————————————— 부수 : 亠

전쟁에서 패배하여 칼이 부러진 모양을 표현한 것으로 '죽다', '잃다', '망하다', '도망가다'라는 뜻을 가진 글자가 되었다. 亠(돼지해머리 두)가 부수로 지정되어 있지만, 돼지머리와는 관계가 없다.

齒 : 이 치, 15획 —————————————————————— 부수 : 齒

止(그칠 지)와 齒(이 치)가 합하여 이루어진 모습으로, '이빨'이나 '어금니'라는 뜻을 가진 글자이다. 또한 이빨이 가지런히 나열된 모습을 연상하여 '나이'나 '순서'를 뜻하기도 한다.

寒 : 찰 한, 12획 —————————————————————— 부수 : 宀

'차다'나 '춥다'라는 뜻을 가진 글자로 금문을 보면 宀(갓머리)와 艹(풀), 人(사람 인), 〉(얼음 빙)이 그려져 있다. 집안에 풀들을 놓은 상태에 아래에 얼음이 있는 모양에서 '차다'는 의미 생성되었다.

순망치한 이렇게 표현하자

"나라의 경제가 어려워지면 가정 경제도 '순망치한'격이 된다."

안빈낙도
安貧樂道

가난[貧]함을 편안히[安] 여기고 도[道]를 지키며 즐김[樂]

공자가 제자들에게 강조했던 정신 중의 하나이다. 공자의 제자 중 특히 안회(안연)는 안빈낙도를 실천했던 사람으로 알려져 있다. 그는 얼마나 열심히 학문을 익혔는지 나이 스물아홉에 백발이 되었다고 알려져 있으며, 덕행이 뛰어나 공자도 그로부터 배울 점이 많았다고 한다. 한 가지 아쉬운 것은, 너무 가난했다는 것이다.

하지만 그는 그런 가난한 환경을 탓하거나 자신의 처지를 비관한 적이 없었고 오히려 주어진 환경을 순순히 받아들이고 학문을 추구하는 데 열심이었다.

공자는 안회를 보고 이렇게 말했다.

"변변치 못한 음식을 먹고 누추하기 그지없는 뒷골목에 살면서 아무런 불평이 없고, 가난을 예사로 여기면서도 여전히 성인의 도를 배우기를 즐겨하고 있으니 이 얼마나 장한가."

그러나 아끼던 제자였지만 안회는 31세에 요절하고 말았다.

'안빈낙도'는 가난하더라도 마음 편안히 여기고 즐겁게 도를 행한다는 뜻으로 물질적인 풍요보다는 정신적인 만족과 도를 실천하는 삶을 추구하는 태도를 의미한다.

安貧樂道 재화에 대한 욕심을 버리고 편안히 슬기며 살아감

安 : 편안할 안, 6획 ———————————————————— 부수 : 宀

宀(집 면)과 女(여자 여)가 합하여 이루어진 모습으로, 집안에 여자가 있다는 의미에서 '편안하다'나 '편안하게 하다'라는 뜻을 가진 글자가 되었다.

貧 : 가난할 빈, 11획 ———————————————————— 부수 : 貝

分(나눌 분)과 貝(조개 패)가 합하여 이루어진 모습으로, 재물이 없어 곤궁하고 가난하다는 의미에서 '가난하다'나 '모자라다'라는 뜻을 가진 글자이다.

樂 : 즐길 낙(락), 노래 악, 15 획 ———————————————————— 부수 : 木

갑골문을 보면 木(나무 목)에 絲(실 사)자가 합하여 이루어진 모습으로, '음악'이나 '즐겁다'라는 뜻을 가진 글자이다. 본래 나무판에 현을 묶은 악기를 손톱으로 연주한다는 것을 본뜬 글자에서 흥겨움으로 인해 '즐겁다(락)', '좋아한다(요)'는 의미로 파생되었다

道 : 길 도, 13획 ———————————————————— 부수 : 辶

辶(쉬엄쉬엄 갈 착)과 首(머리 수)가 합하여 이루어진 모습으로, '길'이나 '도리', '이치'라는 뜻을 가진 글자이다. 首(수)는 신체의 윗부분으로 궁극적으로 가서 닿는 곳이라서 '辶(갈 착)'을 더해, 걸어가는 '길'의 의미가 생성되었다.

안빈낙도 이렇게 표현하자

"그는 바쁜 도시 생활에서 벗어나 시골에서 글을 쓰며 '안빈낙도'하며 살고 있다."

앙천대소
仰天大笑

하늘[天]을 쳐다보며[仰] 크게[大] 웃음[笑]

제(齊)나라 위왕(威王)이 정치를 잘못하여 주변 나라들이 침공해 오더니 왕 8년에는 초나라의 군사가 쳐들어왔다. 조정 대신들은 조나라에 사신을 보내야 한다고 서둘렀다. 그렇게 하여 찾아낸 적임자가 순우곤(淳于髡)이었다.

"나라가 어려움에 처했으니 어서 가라. 과인이 백 근의 금과 네 필의 말을 준비했노라."

순우곤이 하늘을 향해 크게 웃자 왕이 그 연유를 물었다. 순우곤은 표정을 굳히며 말했다.

"신이 궁에 들어올 때 길가에서 농사가 잘되기를 기원하는 농부를 보았습니다. 그 농부는 돼지 발굽 하나와 술 한 병을 놓고 빌고 있었는데 땅이 무척 거칠었습니다. 거친 땅에서나마 농사가 잘되기를 기원하는 것이지요. 마마, 신이 보기엔 그렇습니다. 그 농부가 신(神)에게 올리는 제물은 빈약하기 이를 데 없는데 원하는 것은 너무 크지 않습니까?"

왕은 즉시 깨달았다. 그제야 가져갈 예물로 황금 천근과 흰 구슬 십 상과 거마 백 마리를 내놓았다. 이후로 '앙천대소'는 당치 않거나 우스꽝스러운 생각이나 행동을 보고 어이없이 크게 웃는 것을 의미하는 표현으로 사용되고 있다.

仰天大笑 우스꽝스러운 생각이나 행동을 보고 어이없이 크게 웃음

仰 : 우러를 앙, 6획 ——————————————————— 부수 : 亻

人(사람 인)과 卬(나 앙)이 합하여 이루어진 모습으로, '우러러보다'나 '경모하다'라는 뜻을 가진 글자이다. 仰(앙)은 서 있는 사람과 무릎을 꿇고 있는 사람을 함께 표현한 것으로 누군가를 경배하고 있는 모습을 본뜬 글자이다.

天 : 하늘 천, 4획 ——————————————————— 부수 : 大

大(큰 대)와 一(한 일)이 합해진 모습이다. 갑골문자를 보면 大자 위로 동그란 모양이 그려져 있는데 사람의 머리 위에 하늘이 있다는 뜻을 표현한 것으로 '하늘'이나 '하느님', '천자'라는 뜻을 가진 글자이다.

大 : 큰 대, 3획 ——————————————————— 부수 : 大

'크다'나 '높다', '많다', '심하다'와 같은 다양한 뜻으로 쓰이는 글자이며 갑골문자를 보면 大는 양팔을 벌리고 있는 사람이 그려져 '크다'라는 뜻을 표현한 것이다.

笑 : 웃음 소, 10획 ——————————————————— 부수 : 竹

竹(대나무 죽)과 夭(어릴 요)가 합하여 이루어진 모습으로, '웃음'이나 '웃다', '조소하다'라는 뜻을 가진 글자이다. 본래 '꽃이 피다'에서 변화되어 짐승 짓는 소리나 사람의 '웃음소리'로 변하였다.

앙천대소 이렇게 표현하자

"회사는 어려움에도 불구하고 흑자를 내며, 모든 직원은 '앙천대소'하며 큰 기쁨을 나누었다"

양두구육
羊頭狗肉

양[羊] 머리[頭]에 개[狗]의 고기[肉]

제(齊) 나라 영공(靈公)은 궁중의 여인들을 남자처럼 변장시켜 놓고 즐기는 괴이한 버릇이 있었다. 곧 이 사실은 일반 사람들에게도 퍼져 남장 여인이 나라 안 도처에 퍼져 나갔다. 이 소문을 들은 영공은 궁중 밖에서 여자들이 남장하는 것을 왕명으로 금지시켰는데 이 영이 잘 시행되지 못했다. 그래서 왕은 왕명이 시행되지 않는 이유를 물었다.

그 까닭을 묻는 왕에게 안영(晏嬰)은 이렇게 말했다.

"궁중 안에서는 남장 여인을 허용하면서 궁 밖에서는 금하시는 것은 마치 양의 머리를 문에 걸어놓고 안에서는 개고기를 파는 것과 같습니다. 궁중 안에서 먼저 남장을 금한다면 밖에서도 이를 따를 것입니다."

영공은 안영의 말대로 궁중에서도 여자가 남장하는 것을 금하게 하였더니 한 달이 못 되어 온 나라 안에 남장 여인은 없어졌고 한다.

'양두구육'은 겉과 속이 다르다는 것을 비유한 말로, 사기, 속임수, 어긋나는 행동, 위선적인 태도 등을 비판하는 데 사용하는 말이다. 양두구육과 같은 겉모습에 현혹되지 않고 사물의 본질을 파악하여 올바른 판단을 내리는 것이 중요함을 가르치고 있다.

羊頭狗肉 겉으로는 훌륭한 듯이 내세우지만 속은 보잘것없음

羊 : 양 양, 6획 ──────────────────── 부수 : 羊
'양'이나 '상서롭다'라는 뜻을 가진 글자로, 양의 머리를 정면에서 바라본 모습을 그린 것으로 구부러진 뿔이 특징되어 있다.

頭 : 머리 두, 16획 ──────────────────── 부수 : 頁
豆(콩 두)와 頁(머리 혈)이 합하여 이루어진 모습으로, '머리'나 '꼭대기', '처음'이라는 뜻을 가진 글자이다.

狗 : 개 구, 8획 ──────────────────── 부수 : 犭
犬(개 견)과 句(글귀 구)가 합하여 이루어진 모습으로, '개'나 '강아지'라는 뜻을 가진 글자이다.

肉 : 고기 육, 6획 ──────────────────── 부수 : 肉
고깃덩어리에 칼집을 낸 모양을 그린 것으로 '고기'라는 뜻을 갖고 있다. 그러나 肉자는 단독으로 쓰일 때만 고기를 뜻하고 다른 글자와 결합할 때는 주로 사람의 신체와 관련된 '살', '몸'의미를 전달하는 글자이다.

양두구육 이렇게 표현하자

"이번 신제품의 출시는 화려한 광고에 비해 성능 면에서는 '양두구육'인 것 같아 실망스럽다."

양상군자
梁上君子

~~~

대들보[梁] 위[上]의 군자[君][子]

후한 사람 진식(陳寔)이 태구현(太丘縣) 현감으로 부임해 왔다. 그는 어진 선비요, 세상사의 단맛과 쓴맛을 고루 경험한 인물이었다. 한때는 살인 혐의를 뒤집어쓰고 기소되기도 하였으나 혐의가 풀려 태구현 현감으로 발령을 받은 것이다.

어느 날 밤, 진식이 책을 읽을 심산으로 방안에 들어갔을 때였다. 그는 대들보 위에 도둑이 침입한 것을 눈치채고 아들과 손자를 불러들였다.

"내 너희들에게 일러줄 말이 있어 이렇게 불렀다. 사람으로 태어난 이상 열심을 내어 살아가야 할 것이다. 그러므로 이 세상에는 악인도 없고 선인도 없다. 부지런히 일하고 어려운 일이 있다면 이를 슬기롭게 극복해 나가야 할 것이다. 사람의 본바탕은 본래 악한 것이 아니므로 하루하루를 반성해야 할 것이다. 그렇지 않고 한두 번의 잘못된 버릇을 고치지 않는다면 지금 대들보 위에 올라가 있는 도둑과 같이 될 것이다."

도둑은 질겁하여 밑으로 내려와 사죄하였고, 진식은 좋은 말로 타이르고 두 필의 비단을 주었다.

'양상군자'는 도둑을 의미하는 것도 있지만, 넓은 의미로 보면 남을 속이는 자, 허위를 퍼뜨리는 자, 부정한 방법으로 이익을 얻는 자 등을 비판하는 데 사용하는 말이기도 하다.

172

梁上君子 도둑을 점잖게 일컫는 말

梁 : 들보 량(양), 11획 ──────────────────── 부수 : 木

木(나무 목)과 水(물 수), 刅(비롯할 창)이 합하여 이루어진 모습이다. 물 위쪽을 가로지르는 나무다리를 표현한 것으로, '들보'나 '대들보', '교량'이라는 뜻을 가진 글자이다.

上 : 윗 상, 3획 ──────────────────── 부수 : 一

하늘을 뜻하기 위해 만든 지사문자(指事文字)로 '위'나 '앞', '이전'이라는 뜻을 가진 글자이다.

君 : 임금 군, 7획 ──────────────────── 부수 : 口

尹(다스릴 윤)과 口(입 구)가 합하여, 군주가 명령을 내리는 모습을 표현한 것으로, '임금'이나 '영주', '군자'라는 뜻을 가진 글자이다.

子 : 아들 자, 3획 ──────────────────── 부수 : 子

포대기에 싸여있는 아이를 표현한 것으로, '아들'이나 '자식'이라는 뜻을 가진 글자이다.

양상군자 이렇게 표현하자

"이번 사건의 범인은 누구일까요? 아마 '양상군자'가 아닐까요?"

양약고구
良藥苦口
좋은[良] 약은[藥] 입에[口] 쓰다[苦]

『사기』의 「유후세가(留侯世家)」에 의하면, 초나라의 항우와 한나라의 유방은 진(秦)나라의 관중에 들어가는 사람이 왕이 되기로 약속했다. 운이 좋게 함양에 들어간 유방은 진나라의 호화스러운 모습에 넋이 달아날 지경이었다. 궁 안 곳곳에는 화용월태의 미녀들이 구름처럼 모여 있었으니 호색하던 유방은 그냥 눌러앉고 싶었다.

번쾌가 떠나자고 했으나 듣지 않자 이번에는 장량이 나섰다.

"진나라가 하늘의 뜻을, 져버리고 폭정을 하다가 오늘에 이르렀습니다. 그러므로 패공(沛公;유방)께서는 이렇듯 궁에 들어올 수 있었습니다. 모름지기 천하를 얻기 위해서는 이러한 작은 유혹을 물리쳐야 합니다. 또한 백성들을 어루만지며 상복을 입고 그들을 격려해 주어야 합니다. 그렇지 않고 진나라의 보물이나 미인을 수중에 넣는다면 포악한 진나라 임금과 다를 게 무엇이겠습니까. 옛 말에 이르기를 '충언은 귀에 거슬려도 행실에 이롭고 양약은 입에 쓰나 병에 이롭다고 했습니다. 부디 번쾌의 말을 들어주십시오."

그제야 유방은 바로 궁을 떠났다.

'양약고구'는 바른말은 귀에 거슬리지만 몸에는 이로운 것처럼, 진실하고 도움이 되는 조언이나 비판은 들을 때 마음에 쓰지만 실제로는 도움이 된다는 것을 의미하는 성어이다.

良藥苦口 바른말은 귀에 거슬리지만, 행동에는 도움이 된다는 뜻

良: 어질 양, 7획 ──────────────── 부수 : 艮

곡류(穀類) 중에서 특히 좋은 것만을 골라내기 위한 기구(器具)의 상형(象形)으로 '어질다'나 '좋다', '훌륭하다'라는 뜻을 가진 글자이다.

藥: 약 약, 뜨거울 삭, 18획 ──────────────── 부수 : 艹

艹(풀 초)와 樂(노래 악)이 합하여 이루어진 모습으로, '약'이나 '약초'라는 뜻을 가진 글자이다. 몸이 아픈 것은 분명 즐겁지 못한 상태에 약초를 먹고 다시 즐거운 상태로 돌아간다는 의미를 표현하고 있다.

苦: 쓸 고, 8획 ──────────────── 부수 : 艹

艹(풀 초)와 古(옛 고)가 합하여 이루어진 모습으로, 약초의 쓴맛을 의미하는 '쓰다'의 뜻을 가진 글자이다. 후에는 '괴롭다'라는 의미까지 파생되었다.

口: 입 구, 3획 ──────────────── 부수 : 口

'입'이나 '입구', '구멍'이라는 뜻을 가진 글자로, 사람의 입 모양을 본떠 그린 것이기 때문에 '입'이라는 뜻을 갖게 되었다.

양약고구 이렇게 표현하자

"아버지의 충고는 처음에는 거슬렸지만, 지금 생각해 보니 '양약고구'였습니다."

어부지리
漁夫之利

어부[漁] [夫]의[之] 이익[利]

조나라가 연나라를 공격하려고 하자 이 소식을 들은 연나라의 왕은 제자백가 중 한 명인 소진(蘇秦)의 동생 소대(蘇代)에게 혜문왕을 설득해, 줄 것을 부탁하고 이에 소대는 조나라 혜문왕을 찾아가 이런 이야기를 한다.

"제가 조나라로 오는 도중 역수를 지나가다 강변에서 큰 조개가 살을 들어내고 햇볕을 쬐고 있는 것을 보았습니다. 그때 도요새가 나타나 조개의 살을 쪼아대자 조개는 껍데기를 닫아 도요새의 부리를 꽉 물었습니다. 그때 도요새가 '오늘도 비가 오지 않고 내일도 비가 오지 않는다면 너는 말라 죽고 말 것이다'라고 하자 큰 조개는 '내가 오늘도 널 놓지 않고 내일도 놓지 않으면 너야말로 죽고 말 것이야'라고 말하며 서로 지려고 하지 않았습니다. 이렇게 서로 옥신각신하는데 지나가던 어부가 그 둘을 냉큼 잡아갔습니다. 지금 조나라와 연나라가 서로 물어뜯고 싸운다면 강한 진나라가 어부가 되지 않을까 저는 그것이 걱정입니다."

이 말을 들은 조나라 혜문왕은 연나라를 공격하려는 것을 취소했다고 한다.

결국, 어부지리는 두 사람이 맞붙어 싸우는 바람에 엉뚱하게 다른 사람이 덕을 본다는 뜻으로 쓰인다.

漁夫之利 둘이 다투고 있는 사이에 엉뚱한 사람이 이득을 봄

漁 : 고기 잡을 어, 14획 ──────────────────── 부수 : 氵

⺈(칼도 도), 田(밭 전), ⺍(연화발 화)이 합하여 이루어진 모습으로, 물고기를 본뜬 것으로 '물고기'라는 뜻을 가진 글자이다.

父 : 지아비 부, 4획 ──────────────────── 부수 : 大

大(큰 대)와 一(한 일)이 합하여 이루어진 모습으로, '지아비'나 '남편', '사내'라는 뜻을 가진 글자이다.

之 : 갈 지, 4획 ──────────────────── 부수 : 丿

갑골문자를 보면 발을 뜻하는 止(발 지)가 그려져 있는데 사람의 발을 그린 것으로 '가다'나 '~의', '~에'와 같은 뜻으로 쓰이는 글자이다.

利 : 날카로울 리, 7획 ──────────────────── 부수 : 刂

禾(벼 화)와 刀(칼 도)가 합하여 이루어진 모습으로, '이롭다'나 '유익하다', '날카롭다'라는 뜻을 가진 글자이다. 벼(禾)를 베는 칼(刀)의 의미에서 '날카롭다'는 의미가 생성. 후에 수확의 결과로 '이익', '편하다' 등의 의미까지 파생되었다.

어부지리 이렇게 표현하자

"이번 선거에서는 여당 후보와 야당 후보의 다툼 속에서 무소속 후보가 '어부지리'로 당선되었다."

연목구어
緣木求魚
나무[木]에 올라[緣] 물고기[魚]를 구함[求]

제나라 선왕(宣王)은 패자(霸者)의 꿈이 있었기 때문에 맹자(孟子)에게 춘추시대 패자였던 제나라 환공(桓公)과 진나라 문공(文公)의 사적(역사적으로 중요한 사건)을 물었다. 맹자는 패도(霸道)에 대하여는 잘 모른다고 한 다음 "폐하는 전쟁을 일으켜 백성의 생명을 위태롭게 하고 이웃 나라와 원한을 맺고 싶습니까?"라고 물었다.

왕은 빙그레 웃으며 그렇지 않으나 장차 큰 뜻을 실행하고 싶다고 대답했다.

맹자가 큰 뜻이 무엇인지를 물었으나 왕이 대답하지 않자 맹자는 이렇게 말했다.

"폐하께서 말씀하시는 큰 뜻이란 영토를 확장하여 진나라와 초나라 같은 나라로부터 문안을 받고 사방의 오랑캐를 어루만지고 싶은 것이겠죠. 하지만 그것은 나무에 올라가 고기를 구하는 것과 같습니다. 나무에서 물고기를 구하는 것은 실패해도 탈이 없지만, 폐하처럼 무력으로 뜻을 이루려고 하면 백성을 잃고 나라를 망치는 재난이 따라올 것입니다."

나무에 올라 고기를 구한다는 '연목구어'는 전쟁을 통해 패자가 되는 데만 관심 있는 제후들에게 그것이 얼마나 말도 안 되는 허황한 꿈인가를 알게 하고자 만든 비유이다.

緣木求魚 불가능한 일을 무리해서 굳이 하려고 함

緣 : 가선 연, 15획 ──────────────────────────── 부수 : 糸

糸(가는 실 사)와 彖(판단할 단)이 합하여 이루어진 모습으로, 사람 간의 보이지 않는 '줄'
을 의미하여 '인연'이나 '연분'이라는 뜻을 가진 글자가 되었다.

木 : 나무 목, 4획 ──────────────────────────── 부수 : 木

땅에 뿌리를 박고 가지를 뻗어 나가는 나무를 본뜬 모습으로, '나무'를 뜻하는 글자이다.
木(목)이 부수로 쓰일 때는 대부분이 나무의 종류나 상태에 관련된 뜻을 전달하게 된다.

求 : 구할 구, 7획 ──────────────────────────── 부수 : 氷

'구하다'나 '탐하다', '빌다'라는 뜻을 가진 글자이다. 水(물 수)자가 부수로 지정되어 있
으나 '물'과는 아무 관계가 없다.

魚 : 고기 어, 11획 ──────────────────────────── 부수 : 魚

⺈(칼도 도), 田(밭 전), 灬(연화발 화)이 합하여 이루어진 모습으로, 물고기를 본뜬 것으로
'물고기'라는 뜻을 가진 글자이다.

연목구어 이렇게 표현하자

"사랑하지 않는 사람에게 사랑을 받으려는 것은 '연목구어'와 같다."

오리무중
五里霧中
다섯[五] 리[里]나 되는 안개[霧] 속[中]

중국 후한 때 장해(張楷)라는 지조 굳은 학자가 있었는데, 그는 세속적 욕망에 눈먼 세도가들과 섞이기 싫어 시골로 들어가 숨어 살았다. 그의 아버지 장패(張霸)도 이름 있는 학자였는데, 권세에 아부하지 않고 고고하게 살았다. 장해도 아버지의 기상을 이어받아 많은 학자들이 그를 따랐다. 순제(順帝)는 하남윤(河南尹)에게 "장해의 행실은 원헌(原憲)을 따르고, 그 지조는 이제(夷齊)와 같다."하고 격찬하며, 예로써 맞이하게 했으나 장해는 이때도 병을 핑계로 나오지 않았다.

그런데 장해는 학문뿐 아니라 도술에도 능통하여, 곧잘 5리나 이어지는 안개를 일으켰다고도 한다. 당시 관서에 살던 배우(裵優)라는 사람도 도술로 3리에 걸쳐 안개를 만들 수 있었는데 5리 안개 소문을 듣고는 이를 전수받고자 장해를 찾아갔으나 그가 만든 5리 안개에 자취를 감추고 만나주지 않았다.

'오리무중'은 바로 장해가 일으켰던 '오리무(伍里霧)'에서 비롯된 말이다. 어떤 사실을 숨기기 위해 교묘하고 능청스러운 수단을 써서 상대편이 갈피를 못 잡게 만드는 연막전술과 같은 것이다.

180

五里霧中 사물의 행방이나 사태의 추이를 알 수 없음

五 ：다섯 오, 4획 ──────────────────────── 부수 : 二
'다섯'이나 '다섯 번'이라는 뜻을 가진 글자이다. 五(오)는 나무막대기를 엇갈려 놓은 모습을 그린 것이다.

里 ：마을 리, 7획 ──────────────────────── 부수 : 里
田(밭 전)과 土(흙 토)가 합하여 이루어진 모습으로, '마을'이나 '인근', '거리를 재는 단위'로 쓰이는 글자이다. 농사지을(田) 땅(土)이 있다는 의미에서 '마을' 의미를 생성했고, 후에 구획을 의미한 '거리'의 단위로도 쓰이게 되었다.

霧 ：안개 무, 19획 ──────────────────────── 부수 : 雨
雨(비 우)와 務(힘쓸 무)가 합하여 이루어진 모습으로, '안개'나 '안개 자욱하여 어둡다'라는 뜻을 가진 글자이다.

中 ：가운데 중, 4획 ──────────────────────── 부수 : |
깃발의 가운데 태양이 걸려있는 모양을 본뜬 것으로, '가운데'나 '속', '안'이라는 뜻을 가진 글자이다.

오리무중 이렇게 표현하자

"이번 연쇄 살인 사건을 수사하고 있는 경찰은 실마리를 찾지 못하는 가운데 시간이 지날수록 사건이 '오리무중'에 빠져 곤혹스러워하고 있다."

모월동주
吳越同舟

오나라[吳] 월나라[越] 사람이 한[同] 배[舟]를 탄 형국

『손자병법』의 저자 손빈(孫臏)은 전국시대 사람이다. 그러나 대부분의 기록에는 『손자병법』의 저자를 오나라의 손무(孫武)라고 밝힌다. 그 『손자병법』에 병(兵)을 쓰는 아홉 가지의 방법이 있는데, 그 아홉 번째를 사지(死地)라 하였다. 죽기를 각오하고 싸우면 살아나는 방법이 있고, 겁을 내면 망한다는 것이 '필사(必死)의 지(地)'라고 밝힌다.

"병사를 움직이는 것은 솔연(率然)이라는 뱀과 같아야 하는데, 이놈은 목을 때리면 꼬리로 덤비고 꼬리를 때리면 머리고 덤빈다. 병을 움직이는 것도 이와 같은 것이다. 오나라와 월나라 사람들은 옛날부터 원수지간이다. 그들은 백성들까지도 서로 미워하고 있다. 그러나 오와 월의 사람이 함께 배를 타고 강을 건널 때 바람이 불어와 배가 뒤집히게 되었다면 당연히 묵은 감정을 잊고 서로 도와야 한다."

'오월동주'는 서로 적대관계였던 사람들이 위험에 처했을 때 서로 협력하여 위기를 극복한다는 의미를 담고 있으며, 또한 전정한 적은 서로를 헐뜯는 것이 아니라, 공동의 목표를 위해 협력하는 사람들을 의미하는 것입니다.

吳越同舟 사이가 좋지 않은 사람들끼리 협력하여 위기를 극복함

吳 : 나라 이름 오, 7획 ──────────────── 부수 : 口
머리에 쓰개를 쓰고 미친 듯이 춤추는 모양을 본뜬 모습으로, '큰 소리치다', '지껄이다', '땅의 이름', '나라 이름'을 뜻하는 글자이다.

越 : 넘을 월, 부들 활, 12획 ──────────────── 부수 : 走
走(달릴 주)와 戉(도끼 월)이 합하여 이루어진 모습으로, 앞질러 건너다는 의미에서 '넘다'나 '초과하다'라는 뜻을 가진 글자가 되었다.

同 : 한 가지 동, 6획 ──────────────── 부수 : 口
凡(무릇 범)과 口(입 구)가 합하여 이루어진 모습이다. 口(구)를 제외한 부분은 덮어 가린 일정한 장소의 의미로, 사람들[口]이 일정 장소에 '모이다'는 의미로 생성되었으며, 후에 함께 모였다는 의미에서 '한가지', '같다' 등의 의미 파생되었다.

舟 : 배 주, 6획 ──────────────── 부수 : 舟
1~2명만 탑승할 수 있는 조그만 배를 그린 모습으로, '배'나 '선박'이라는 뜻을 가진 글자이다.

오월동주 이렇게 표현하자

"경쟁하는 회사들도 시장 침체라는 위기에 처했을 때는 '오월동주'처럼 협력하여 생존해야 한다."

오합지졸
烏合之卒
까마귀[烏]를 모아놓은[合][之] 무리[卒]

전한(前漢)을 이어 신(新)을 세운 왕망은 정치를 잘못한 탓에 도둑들이 날뛰었다. 이때 대사마로 있던 유수(劉秀)는 왕망의 군대를 격파하고 경제의 자손 유현(劉玄)을 세웠다. 어느 때인가 경엄이 군대를 이끌고 유슈에게 항복하러 가는데, 왕랑(王郎)이라는 자가 한나라의 정통이라고 말했다. 이에 경엄은 왕랑을 꾸짖었다. "우리의 기병대로써 오합지졸을 치는 것은, 썩은 고목을 꺾고 썩은 것을 깎음이다."

그런가 하면 패공(沛公)의 상객 역이기가 진류의 교외에 주둔한 병사들을 보고 평한 내용이 있다.

"당신이 까마귀 떼 무리를 규합하여 어수선한 군대를 모을지라도 만 명은 차지 않을 것이오." 하는 대목이 나온다. 여기에서는 어중이떠중이들을 속이 검은 까마귀 떼로 규정한다.

『후한서』, 「비동전」에는, "점을 치는 왕랑이라는 자가 거짓으로 태자를 사칭하여 세력을 확대하여 돌아다니며 오합지졸(烏合之卒)을 모아 마침내 연나라와 조나라의 땅을 진동시켰다."

'오합지졸'은 규율과 기강이 약한 군대 또는 목적이나 결속력이 약한 집단을 조롱하는 할 때 사용하는 말이다. 만약 조직이 규율과 기강이 제대로 갖춰지지 않고, 구성원들이 서로 믿지 못한다면, 목표를 달성하기 어려울 뿐만 아니라, 조직 자체가 쉽게 무너질 수 있다.

烏合之卒 쓸데없는 자들이 모인 형편없는 무리

烏 : 까마귀 오, 검을 오, 10획 ──────────────── 부수 : 灬
갑골문을 보면 '말'의 모양을 본뜬 모습으로, 말의 특징을 표현하기 위해 큰 눈과 갈기가
함께 그려져 있으며, '말'을 뜻하는 글자이다.

合 : 합할 합, 같을 합, 6획 ──────────────── 부수 : 口
스(삼합 집)과 口(입 구)가 합하여 이루어진 모습으로, '합하다'나 '모으다', '적합하다'라
는 뜻을 가진 글자이다.

之 : 갈 지, 4획 ──────────────── 부수 : 丿
갑골문자를 보면 발을 뜻하는 止(발 지)가 그려져 있는데 사람의 발을 그린 것으로 '가
다'나 '~의', '~에'와 같은 뜻으로 쓰이는 글자이다.

卒 : 마칠 졸, 버금 쉬, 8획 ──────────────── 부수 : 十
衣(옷 의)와 爻(효 효)가 합하여 이루어진 모습이다. '마치다', '죽다'라는 뜻을 가진 글자
이다. 관노(官奴)들이 입던 옷을 그린 것으로, 이 옷은 후에 계급이 가장 낮은 병졸들이
입게 되면서 '병졸'이라는 뜻을 갖게 되었다.

오합지졸 이렇게 표현하자

"이번 축구 국가대표의 패배는 오합지졸의 팀워크가 문제였다."

옥상가옥
屋上架屋

지붕[屋] 위[上]에 지붕을 거듭 얹음[架] [屋]

유중(庾仲)이 공진의 수도 건강(建康)의 아름다움을 모사한 『양도부(揚都賦)』를 지었을 때 유량(庾亮)이 '그의 『양도부(揚都賦)』는 좌태충이 지은 『삼도부(三都賦)』와 비교해서 조금도 손색이 없다.'라고 과장된 평을 하자 사람들이 양도부를 서로 베끼려고 종이를 구해 장안의 종이가 귀해질 정도였다. 그러나 이 작품을 본 사안석(謝安石)은 이렇게 말했다.

"이것은 지붕 밑에 지붕을 걸쳤을 뿐이다. 전부 남의 말을 되풀이한 것에 다름없지 않은가?"

결국 남의 것을 모방해서 만든 독창성이 결여된 문장이란 뜻이다.

그 후 남북조시대 안지추(顔之推)가 자손을 위해 쓴 『안씨가훈(顔氏家訓)』에서는 '위진 이후에 쓰여진 모든 책은 이론과 내용이 중복되고 서로 남의 흉내만을 내고 있으니 그야말로 지붕 밑에 또 지붕을 만들고 평상 위에 또 평상을 만드는 것과 같다.'라고 말하고 있다.

남의 글을 표절하는 일은 오래전부터 있었던 병폐이다. 여기서는 '옥하가옥'이 '옥상가옥'으로 변한 것이다.

'옥상가옥'은 불필요하게 덧붙이거나 중복하여 번거롭고 무의미하게 만드는 것을, 비유적으로 표현하는 말이다. 옥상가옥 같은 행동을 피하고, 간결하고 명료하게 표현하며, 불필요한 것은 버리는 것이 중요하다.

屋上架屋 일을 쓸데없이 무의미하게 거듭함

屋 : 집 옥, 9획 ──────────────────────── 부수 : 尸

尸(주검 시)와 至(이를 지)가 합하여 이루어진 모습으로, '집'이나 '주거 공간'이라는 뜻을 가진 글자이다.

上 : 위 상, 오를 상, 3획 ──────────────────── 부수 : 一

하늘을 뜻하기 위해 만든 지사문자(指事文字)로 '위'나 '앞', '이전'이라는 뜻을 가진 글자이다.

架 : 시렁 가, 9획 ──────────────────────── 부수 : 木

木(나무 목)과 加(더할 가)가 합하여 이루어진 모습으로, 시렁'이나 '횃대', '가설하다'라는 뜻을 가진 글자이다.

屋 : 집 옥, 9획 ──────────────────────── 부수 : 尸

尸(주검 시)와 至(이를 지)가 합하여 이루어진 모습으로, '집'이나 '주거 공간'이라는 뜻을 가진 글자이다.

옥상가옥 이렇게 표현하자

"교육 시스템이 너무 획일적이라서 학생들은 '옥상가옥'처럼 같은 것을 반복해서 배우고 있다."

온고지신
溫故知新

옛것[故]을 익히어[溫] 새것[新]을 앎[知]

『논어(論語)』〈학이편〉에 나오는 공자의 유명한 말 중의 하나로 공자는 '고(故)를 온(溫)하고 신(新)을 지(知)하면 스승이 될 수 있다' 즉 "옛것을 익히어 새로운 것을 앎으로 다른 사람의 스승이 된다."라고 하였다.

고(故)는 역사를 가리키며 온(溫)은 고기를 모닥불에 끓여 국을 만든다는 의미다. '온고(溫故)'는 역사를 깊이 탐구함으로써 새로운 상황을 정확히 파악한다는 뜻이다.

하루는 자장(子張)이 십대(十代) 왕조의 형편에 대해 공자에게 추측이 가능한지를 물었다.

공자는 "은나라는 하나라의 예와 법도를 이어받았으므로 서로를 비교해 보면 무엇이 같고 다른 것인지 알 수 있을 것이다. 뒤를 이어 주나라를 보면 그전 왕조와 무엇이 같고 다른지 알 수 있을 것이다. 이렇게 하면 십대가 아니라 백 대까지도 추정이 가능해진다."라고 말하며 탄식했다. 옛것에 대한 올바른 지식이 없이는 새로운 사태를 정확히 인식할 수 없다는 것이다.

'온고지신'은 끊임없이 학습하고 성장함으로써 더 나은 삶을 살 수 있도록 도와주는 중요한 가치이다. 우리는 온고지신의 정신을 따라 끊임없이 노력하고 발전해야만 성공적인 삶을 살 수 있을 것이다.

溫故知新 옛것을 익히고 그것을 통하여 새로운 이치를 알아야 한다

溫 : 따뜻할 온, 13획 ─────────────────────── 부수 : 氵

水(물 수)와 囚(가둘 수), 皿(그릇 명)이 합하여 이루어진 모습이다. 수증기가 올라오는 큰 대야에서 몸을 씻고 있는 사람을 의미하여 '따뜻하다'나 '데우다', '온순하다'라는 뜻을 가진 글자이다.

故 : 예 고, 9획 ─────────────────────── 부수 : 攵

古(옛 고)와 攵(칠 복)이 합하여 이루어진 모습으로, 古(고)는 아주 오래전에 있었던 이야기를 들려준다는 의미에서 '옛날'이나 '옛일'이라는 뜻을 말한다.

知 : 알 지, 8획 ─────────────────────── 부수 : 矢

矢(화살 시)와 口(입 구)가 합하여 이루어진 모습으로, '알다'나 '나타내다'라는 뜻을 가진 글자이다. 아는 것을 입으로 말하는 것이 화살처럼 빠르다는 의미에서 '알다'는 의미 생성되었다.

新 : 새 신, 13획 ─────────────────────── 부수 : 斤

辛(매울 신)과 木(나무 목), 斤(도끼 근)이 합해진 모습으로 나무를 도끼로 찍어 다듬은 모양에서 '새로운 재목'의 의미가 생성되어 '새로운'이나 '새롭게'라는 뜻을 가지게 되었다.

온고지신 이렇게 표현하자

"기업은 경쟁력을 유지하기 위해 새로운 기술을 개발하고 '온고지신'을 해야 한다."

와신상담
臥薪嘗膽

섶나무[薪] 위에 눕고[臥] 쓸개[膽]를 맛봄[嘗]

춘추전국시대 오나라 왕 합려(闔閭)는 월나라에 쳐들어갔다. 그러나 합려는 그 싸움에서 패하고 독화살에 맞아 죽으며 아들인 부차(夫差)에게 "너는 구천(句踐)이 이 아비를 죽인 원수라는 것을 잊지 말아라."라는 유언을 남겼다.

부차는 나라에 돌아오자 섶 위에서 잠을 자며, 방문 앞에 사람을 세워 두고 출입할 때마다 "부차야 아비 죽인 원수를 잊었느냐."라고 외치게 하였다.

이런 부차의 소식을 듣고 먼저 쳐들어온 월나라 왕 구천은 회계산에서 항복을 하게 된다. 구천은 내외가 포로가 되어 3년 동안 부차의 노복으로 일하는 등 갖은 모욕과 고초를 겪은 뒤에야 겨우 자기 나라로 돌아올 수 있었다. 구차는 돌아오자 잠자리 옆에 쓸개를 매달아 놓고 항상 그 쓴 맛을 되씹으며 자신의 치욕적 패배를 잊지 않고자 자신을 채찍질했다.

이로부터 20년이 흐른 후 월나라 왕 구천이 오나라를 쳐 이기고 부차로 하여금 자살하게 하였다.

'와신상담'은 부차의 와신, 즉 섶나무에 누워 잔 것과 구천의 상담, 즉 쓸개를 맛본 것이 합쳐서 된 말로 원수를 갚기 위하여 굳은 결심을 하고 어려움을 참고 견디는 것을 이르는 말이다.

臥薪嘗膽 복수나 어떤 목표를 이루기 위해 어려운 일을 참고 이겨냄

臥 : 누울 와, 8획 ───────────────────────── 부수 : 臣

臣(신하 신)과 人(사람 인)이 합하여 이루어진 모습으로, 고개를 숙인 사람의 눈을 의미하여 '엎드리다'나 '눕다'라는 뜻을 가진 글자가 되었다.

薪 : 섶나무 신, 17획 ─────────────────────── 부수 : 艹

艹(초두머리 초)와 新(새 신)이 합하여 이루어진 모습으로, '섶(땔나무)', '잡초'라는 뜻을 가진 글자이다.

嘗 : 맛볼 상, 14획 ───────────────────────── 부수 : 口

尙(오히려 상)과 旨(맛있을 지)가 합하여 이루어진 모습이다. 집에서 맛있게 음식을 먹는 모습을 표현하여 '맛보다'나 '경험하다'라는 뜻을 가진 글자이다.

膽 : 쓸개 담, 17획 ───────────────────────── 부수 : 月

月(육달 월)과 음을 나타내는 詹(담)이 합하여 이루어진 모습으로 '쓸개' 또는 '담력'이라는 뜻을 가진 글자이다.

와신상담 이렇게 표현하자

"그 회사는 경영난에 직면했지만, '와신상담'의 정신으로 위기를 극복하고 성장하였습니다."

요산요수
樂山樂水

산[山]을 좋아[樂]하고 물[水]을 좋아[樂]함

사마우가 인(仁)에 대해 묻자 공자가 답했다.

"인자는 말하는 것을 어려워한다."

"말함을 어려워한다는 것은 무엇입니까?"

"행함이 어려운데 어찌 말하는 것이 어렵지 않겠느냐."

어느 날 자장이 공자에게 물었다.

"초나라의 자문이라는 자가 세 번이나 영윤 자리에 올랐는데 기쁜 내색이 없으며, 세 번을 파면당했는데 원망하는 빛이 없이 이전에 했던 일을 새로운 영윤에게 보고를 했습니다. 이 일을 어찌 생각하십니까?"

공자는 진실하다고 답했다. 자장은 그것을 인이라 할 수 있느냐고 되물었다.

공자가 말했다.

"그를 자세히 모르는데 어찌 인이라 할 수 있겠느냐."

자장은 진문자에 대해서도 물었다. 최자라는 이가 무도하여 군주를 죽이자 모든 가산을 두고 떠난 것을 인자라 할 수 있느냐 물었다. 공자는 답했다.

"그는 결백하다. 잘 알지 못하므로 인자라 할 수는 없다."

樂山樂水 산수 경치를 좋아함을 이르는 말

樂 : 좋아할 요, 노래 악, 15획 ——————————————— 부수 : 木

갑골문을 보면 木(나무 목)에 絲(실 사)가 합하여 이루어진 모습으로, '음악'이나 '즐겁다' 라는 뜻을 가진 글자이다. 본래 나무판에 현을 묶은 악기를 손톱으로 연주한다는 것을 본뜬 글자에서 흥겨움으로 인해 '즐겁다(락)'이나 '좋아한다(요)'는 의미로 파생되었다.

山 : 뫼 산, 3획 ——————————————— 부수 : 山

'뫼'나 '산', '무덤'이라는 뜻을 가진 글자로, 山(뫼 산)은 육지에 우뚝 솟은 3개의 봉우리 를 그린 것으로 '산'을 형상화한 상형문자이다.

樂 : 좋아할 요, 15획 ——————————————— 부수 : 木

갑골문을 보면 木(나무 목)에 絲(실 사)가 합하여 이루어진 모습으로, '음악'이나 '즐겁다' 라는 뜻을 가진 글자이다. 본래 나무판에 현을 묶은 악기를 손톱으로 연주한다는 것을 본뜬 글자에서 흥겨움으로 인해 '즐겁다(락)'이나 '좋아한다(요)'는 의미로 파생되었다.

水 : 물 수, 4획 ——————————————— 부수 : 水

'물'이나 '강물', '액체'라는 뜻을 가진 글자이다. 水(수)는 시냇물 위로 비가 내리는 모습 을 그린 것이다.

요산요수 이렇게 표현하자

"그녀는 예술가로서 자연의 아름다움을 작품에 담아 표현하며 '요산요수'의 정신 을 살리고 있다."

용두사미
龍頭蛇尾

용[龍] 머리[頭]에 뱀[蛇]의 꼬리[尾]

육주(陸州) 용흥사(龍興寺)의 승려 진존자(陳尊者)는 도를 깨치기 위해 절을 떠나 천하를 방랑했는데, 나그네를 위해서 짚신을 삼아 길에 걸어 두고 다녔다고 한다. 이러한 진존자가 연로해졌을 때였다. 하루는 중을 한 사람 만났는데 눈빛이 몹시 날카로워 예사롭지 않았다. 더구나 그는 '에잇!'하는 기합만을 낼 뿐으로 그다음의 행동은 이어가지를 않았다.

그러나 모양새가 너무 근엄하여 마치 도를 닦은 고승처럼 생각되었다. 이때 진존자의 머리에 스쳐 가는 것이 있었다. 이 스님의 행동은 겉으로 보면 굉장히 도력이 높은 것 같으나 실제로 그렇지 못하다는 결론을 지었다. "이 사람은 그럴듯하나 진면목은 다를 것이다. 모르긴 해도 분명 용의 머리에 뱀의 꼬리이기가 쉬울 것이야"라고 생각했다.

진존자는 또 이렇게 말했다.

"스님께서는 계속 기합만 지르시는데 결론은 언제 짓습니까?"

그때야 그 스님은 할 말을 잃고 슬그머니 떠나버렸다고 한다.

'용두사미'는 시작은 거창하지만, 끝이 보잘것없고 초라함을 일컫는 말이다. 또한 열정이나 의지가 부족하여 일을 중간에 포기하거나 목표를 달성하지 못할 때도 표현하는 성어이다.

龍頭蛇尾 처음은 좋으나 끝이 좋지 않음

龍 : 용 용(룡), 16획 ———————————————————————— 부수 : 龍

'용'이나 '임금'이라는 뜻을 가진 글자이며, 용은 소의 머리와 뱀의 몸통, 독수리 발톱과 같이 다양한 동물들의 신체를 조합해 만든 상상의 동물이다.

頭 : 머리 두, 16획 ———————————————————————— 부수 : 頁

豆(콩 두)와 頁(머리 혈)이 합하여 이루어진 모습으로, '머리'나 '꼭대기', '처음'이라는 뜻을 가진 글자이다.

蛇 : 뱀 사, 11획 ———————————————————————— 부수 : 虫

虫(벌레 충), 它(다를 타)자가 결합한 모습이며, '뱀'이라는 뜻을 가진 글자이다.

尾 : 꼬리 미, 7획 ———————————————————————— 부수 : 尸

尸(주검 시)와 毛(털 모)가 합하여 이루어진 모습이다. 사람이 사냥할 때 짐승처럼 분장을 하고 있는 모양으로 '꼬리'나 '끝'이라는 뜻을 가진 글자이다.

용두사미 이렇게 표현하자

"그의 사업 계획은 처음에는 매우 포부가 컸지만, 결국 실패로 끝나 '용두사미'가 되었다."

용호상박
龍虎相搏
용[龍]과 범[虎]이 서로[相] 싸움[搏]

용호상박은 용과 호랑이가 서로 싸운다는 뜻으로, 두 강자끼리의 대결을 비유적으로 쓸 때 '용호상박'이라는 말을 사용한다. 즉 뛰어난 두 경쟁자의 실력이 서로 비슷해서 우열을 가리기 힘든 싸움이라는 뜻이다.

용호상박은 중국 시인인 이백이 자기가 지은 시 고풍(古風)에서 춘추전국시대를 용과 호랑이의 싸움으로 비유했던 것에서 유래가 되었다.
이 시는 다음과 같다.

"백마(白馬)는 옥사(玉砂)에 굴하고, 청룡(靑龍)은 옥경(玉鏡)에 잠들고,
붉은 호랑이는 옥야(玉夜)에 울고, 금시는 옥문(玉門)에 서서
천하를 둘러보니, 웅장하고 멋지다.
하지만 옛날의 영웅들은 모두 죽어 사라지고,
지금은 빈 무덤만 남아 쓸쓸하다."

이 시에서 이백은 춘추전국시대의 강력한 나라들을 용과 호랑이에 비유하고 서로 다투면서 결국 모두 멸망하게 된 모습을 슬픈 목소리로 노래하였다.

龍虎相搏 두 강자가 서로 승부를 겨룸

龍 : 용 룡(용), 언덕 롱, 16획 —————————————— 부수 : 龍

'용'이나 '임금'이라는 뜻을 가진 글자이며, 용은 소의 머리와 뱀의 몸통, 독수리 발톱과 같이 다양한 동물들의 신체를 조합해 만든 상상의 동물이다.

虎 : 범 호, 8획 ——————————————————— 부수 : 虍

虍(호피 무늬 호)와 儿(어진 사람 인)이 합하여 이루어진 모습이다. 호랑이의 모양을 본뜬 것으로, ' 호랑이'나 '용맹스럽다'라는 뜻을 가진 글자이다.

相 : 서로 상, 9획 ——————————————————— 부수 : 相

木(나무 목)과 目(눈 목)이 합하여 이루어진 모습으로, '서로'나 '모양', '가리다'라는 뜻을 가진 글자이다. 나무에 올라가서 눈으로 먼 곳을 본다는 의미에서 '보다'는 뜻이 생성되었으며, 후에 함께 본다는 것에서 '서로'와 보고 돕는다는 것에서 '돕다'라는 뜻을 가지게 되었다.

搏 : 두드릴 박, 13획 ———————————————— 부수 : 扌

艹(풀 초)와 溥(넓을 부)가 합하여 이루어진 모습으로, 풀이 아주 작고 얇아 물에 뜰 정도라는 의미에서 '엷다'나 '얇다', '야박하다'라는 뜻을 가진 글자이다.

용호상박 이렇게 표현하자

"재선을 노리는 두 정치인의 치열한 경쟁은 '용호상박'의 모습을 연상하게 한다."

위편삼절
韋編三絕

가죽[韋] 끈[編]이 세 번[三] 끊어짐[絕]

공자는 만년에 이르러 『주역(周易)』이라는 책에 몰입하였다. 그것을 얼마나 읽고 또 읽었던지, 대쪽으로 엮은 가죽끈이 세 번이나 끊어질 정도로 열심히 공부했다. 그래서 「공자세가」 편에는 다음과 같은 구절이 눈에 보인다.

"공자가 늦게 주역을 좋아하여 주역을 읽는 동안 죽간을 연결하는 위편이 세 번이나 끊어졌다"

세상에 태어나면서부터 모든 것을 알았다는 공자와 같은 성인도 학문을 연구하는 데에 부단한 노력을 게을리하지 않았다. 그러한 공자가 만년에 읽었더라면 자신의 학문 연구가 정진했을 것이라고 아쉬워한 것이다.

공자는 논어에서 이렇게 말한다.

"나는 발분 하여 밥을 먹는 것도 잊고 즐거움으로 근심마저 잊고, 세월이 흘러 몸이 늙어 가는 것도 몰랐다."

이 말은 무슨 뜻인가 학문을 연구하다가 밥을 먹는 것도, 근심도 잊고, 늙어가는 것을 잊었다는 것이다.

'위편삼절'은 우리에게 학문의 중요성을 일깨워주는 말이며, 지식을 쌓고 성장하기 위해서는 끊임없는 노력과 꾸준한 학습이 필요하다는 것을 의미한다.

韋編三絕 책이 닳도록 여러 번 읽은 모양을 말함

韋 : 가죽 위, 9획 ——————————————————————— 부수 : 韋

성(城) 주위를 맴도는 발자국을 그린 것으로, '가죽'이나 '다룸가죽', '둘레', '에워싸다'라는 뜻을 가진 글자이다.

編 : 엮을 편, 닿을 변, 15획 ——————————————————— 부수 : 糸

糸(가는 실 사)과 扁(넓적할 편)이 합하여 이루어진 모습으로, '엮다'나 '짓다', '편집하다'라는 뜻을 가진 글자이다.

三 : 석 삼, 3획 ——————————————————————————— 부수 : 一

나무막대기 세 개를 늘어놓은 모습을 그린 것으로, '셋'이나, '세 번', '거듭'이라는 뜻을 가진 글자이다.

絕 : 끊을 절, 12획 ————————————————————————— 부수 : 糸

糸(실 사)와 刀(칼 도), 卩(절)이 합하여 이루어진 모습으로, 실타래를 칼로 끊는다는 의미에서 '끊어지다', '끊다'라는 뜻을 가진 글자가 되었다.

위편삼절 이렇게 표현하자

"영석이는 수능을 위해 '위편삼절'의 마음가짐으로 열심히 공부하고 있다."

우공이산
愚公移山

우공[愚] [公]이 산을[山] 옮김[移]

옛날 중국에 우공(愚公)이라는 노인이 살았다. 우공의 집 앞에는 태행산(太行山)과 왕옥산(王屋山)이라는 두 개의 큰 산이 있었는데 둘레가 7백 리나 되는 매우 큰 산이었다. 이 두 개의 큰 산 때문에 마을 사람들은 왕래가 불편하여 우공은 가족끼리 화합하여 산을 깎아 평평하게 만들기로 하였다. 그런데 우공이 산을 파서 바다에 버리고 오는 데는 1년에 두 차례 정도 할 수 있었다. 이것을 보고 황하의 지수라는 사람이 물었다.

"당신과 당신 가족의 힘으로는 평생 산의 귀퉁이도 허물기 힘든데 어떻게 큰 산의 돌과 흙을 옮긴단 말이오?" 이 말을 듣고 우공은 말했다.

"내가 죽으면 자식이 있고 그 자식의 손자, 손자에 증손자 이렇게 자자손손 대를 이어 하면 산은 불어나지 않을 것이니 언젠가는 평평해지지 않겠소." 지수는 어처구니가 없어 말문이 막혔다. 그러나 이 말에 놀란 두 산의 산신령이 산을 허무는 우공의 노력이 끝없이 계속될까, 겁이 나 옥황상제에게 이 일을 말려주도록 호소하는데, 옥황상제는 우공의 정성에 감동해 가장 힘이 센 과아씨(夸娥氏)의 아들을 시켜 두산을 옮겨 하나는 삭동에 두고 하나는 옹남에 두게 했다고 한다.

어리석은 노인이 산을 옮긴다는 뜻의 '우공이산'은 쉬지 않고 꾸준하게 한 가지 일만 열심히 하면 마침내 큰일을 이룰 수 있음을 이르는 말이다.

愚公移山 열심히 노력하면 불가능한 일도 이룰 수 있다

愚 : 어리석을 우, 13획 ──────────────────── 부수 : 心

禺(원숭이 옹)과 心(마음 심)이 합하여 이루어진 모습으로, 원숭이처럼 머리가 나쁘고 어리석은 행동을 하는 사람이라는 의미에서 어리석다'나 '고지식하다'라는 뜻을 가진 글자이다.

公 : 공변될 공, 4획 ──────────────────── 부수 : 八

八(여덟 팔)과 厶(사사 사)가 합하여 이루어진 모습으로, 치우침 없이 공정하게 나눈다는 의미에서 공평하다'나 '공변되다'라는 뜻을 가진 글자이다.

移 : 옮을 이, 여유 있을 이, 11획 ──────────────── 부수 : 禾

禾(벼 화)와 多(많을 다)가 합하여 이루어진 모습이다. 곡물을 많이 생산해서 운반한다는 의미로 '옮기다'라는 뜻을 가진 글자가 되었다.

山 : 메 산, 뫼 산, 3획 ──────────────────── 부수 : 山

'뫼'나 '산', '무덤'이라는 뜻을 가진 글자로, 山(뫼 산)은 육지에 우뚝 솟은 3개의 봉우리를 그린 것으로 '산'을 형상화한 상형문자이다.

우공이산 이렇게 표현하자

"우리는 '우공이산'처럼 끊임없이 노력해야 목표를 달성할 수 있습니다."

유비무환
有備無患

미리 준비[備]가 있어[有]야 근심[患]이 없다[無]

은나라의 고종(高宗)이 부열(傅說)이라는 어진 재상을 얻게 되었다. '열명'은 바로 이 부열이라는 사람을 얻게 되는 경위에 대하여, 쓴 내용인데 유비무환이라는 말은 부열이 고종에게 올린 말 가운데 있는 내용이다.

이런 내용이 있다.

"생각이 옳으면 이를 행동으로 옮기되, 옮기는 것을 시기에 맞게 하십시오. 또한 능한 것을 자랑하게 되면 그 공을 잃게 됩니다. 오직 모든 일은 나름대로 그 갖춘 것이 있는 법이니, 갖춘 것이 있어야 근심이 없게 됩니다."

그런가 하면 『춘추좌씨전』에는 이런 내용이 있다.

진나라의 도승이 정나라에 보낸 값비싼 선물과 가희들을 화친의 선물로 보내왔다. 이것을 위강에게 보내니 위강은 완강히 거부하면서 이렇게 말했다.

"무릇 평안히 지낼 때는 항상 위태로움을 생각해야 하고, 위태로움을 생각하게 되면 항상 준비되어야 한다. 충분한 준비가 있으면 그제야 근심과 재난이 없을 것이다."

이른바 유비무환에 관한 내용이다.

'유비무환'은 미리 준비해두면 걱정할 필요가 없다는 뜻으로, 사전에 미리 준비되어 있다면 우환을 당하지도 않고 뒷걱정이 없음을 표현할 때 사용하는 말입니다.

有備無患 평소 준비가 철저하면 후에 걱정할 일이 없다

有 : 있을 유, 6획 ──────────────────────── 부수 : 月

又(또 우)와 月(육달 월)이 합하여 이루어진 모습으로, 값비싼 고기를 손에 쥔 의미에서 '있다', '존재하다', '가지고 있다', '소유하다'라는 뜻을 가지게 되었다.

備 : 갖출 비, 12획 ─────────────────────── 부수 : 亻

人(사람 인)과 用(쓸 용), 矢(화살 시)가 결합한 모습이며, '갖추다'나 '준비하다'라는 뜻을 가진 글자이다.

無 : 없을 무, 12획 ─────────────────────── 부수 : 灬

'없다'나 '아니다', '~하지 않다'라는 뜻을 가진 글자로, 사람이 소꼬리를 들고 춤추는 모양에서 없어서는 안 될 일로 인해 '없다'는 의미로 생성되었다.

患 : 근심 환, 11획 ─────────────────────── 부수 : 心

串(꿸 관)과 心(마음 심)이 합하여 이루어졌으며, 심장을 꿰뚫는 듯한 모습을 본뜬 모습으로. '근심'이나 '걱정', '질병'이라는 뜻을 가진 글자이다.

유비무환 이렇게 표현하자

"이번 대회에선 '유비무환'을 생각하며 미리 충분한 준비를 해야 한다."

음덕양보
陰德陽報

모르게[陰] 행한 덕은[德] 드러나[陽] 보답[報]받는다

춘추전국시대, 초(楚)나라의 재상이던 손숙오(孫叔敖)가 어렸을 때의 일이다.

어느 날 밖에 나가 놀다가 집에 돌아온 그는 밥도 먹지 않으면서 걱정에 잠겨 눈물을 글썽거렸다. 그 어머니가 연유를 물으니

"제가 오늘 머리가 둘 달린 뱀을 보았습니다. 옛날부터 이런 뱀을 보면 죽는다고 했으니 곧 저는 죽을 것입니다."

그의 대답을 들은 어머니가

"그 머리가 둘 달린 뱀은 어디에 있느냐?"하고 물으니, 손숙오는

"그 뱀을 또 다른 사람이 보면 죽을까 걱정이 되어서 죽였습니다."라고 대답하였다.

이 말을 들은 어머니는 "너는 죽지 않았다."하고 아들을 안심시키며 옛말을 인용하여 말했다.

"음덕이 있는 사람은 반드시 양보가 있고 은행(隱行)이 있는 사람은 반드시 조명(照明)이 있도다."

그 후 손숙오는 공부를 해서 뛰어난 사람이 되었다고 한다.

'음덕양보'는 남이 모르게 덕을 행하면 언젠가는 반드시 그 보답을 받게 된다는 뜻으로, 진심으로 선행을 하면 반듯이 좋은 결과가 돌아온다는 것을 표현하는 말이다.

陰德陽報 남모르게 덕행을 쌓은 사람은 훗날 그 보답을 받게 됨

陰 : 그늘 음, 침묵할 암, 11획 ──────────────── 부수 : ß

阜(ß:언덕 부)와 今(이제 금), 云(구름 운)이 합하여 이루어진 모습으로 큰 언덕과 구름은 햇볕을 차단해 그늘을 만든다는 의미에서 '그늘'이나 '응달', '음기'라는 뜻을 가진 글자가 되었다.

德 : 클 덕, 덕 덕, 15획 ──────────────── 부수 : 彳

彳(조금 걸을 척)과 直(곧을 직), 心(마음 심)이 합하여 이루어진 모습이다. 곧은 마음으로 길을 걷는 사는 사람이라는 의미를 표현한 것으로, '은덕'이나 '선행'이라는 뜻을 가진 글자이다. 곧은 마음으로 길을 걷는 사는 사람"이라는 의미를 표현한 것이다.

陽 : 볕 양, 12획 ──────────────── 부수 : ß

ß(언덕 부)와 昜(볕 양)이 합하여 이루어진 모습으로 해가 떠올라 제단에 걸쳐지도록 만든 언덕의 의미에서 '양달'이나 '볕', '낮'이라는 뜻을 가진 글자가 되었다.

報 : 갚을 보, 알릴 보, 12획 ──────────────── 부수 : 土

執(잡을 집)과 又(또 우)가 합하여 이루어진 모습이다. 報(보)의 금문을 보면 수갑을 찬 죄수를 잡으려는 듯한 모습이 그려져 있는데, 이는 벌을 받아 죗값을 치르라는 뜻에서 갚다', '판가름하다'라는 뜻을 가진 글자가 되었다.

음덕양보 이렇게 표현하자

"조용히 선을 행하는 그녀의 모습은 '음덕양보'의 가치를 보여 주고 있으며, 언젠가는 보답을 받을 것이다."

205

읍참마속
泣斬馬謖

울면서[泣] 마속[馬][謖]을 베다[斬]

유비(劉備)와 조조(曹操)가 죽은 뒤 그 자식들과 강동의 손권(孫權)이 각각 '솥발의 형세'를 이루어 일진일퇴를 거듭하며 삼국시대를 열어 가던 서기 227년의 일이다.

제1차 북벌 때 가정(街亭 : 한중 동쪽)의 전투 책임자로 임명한 마속(馬謖)이 제갈량(諸葛亮)의 지시를 어기고 자기의 얕은 생각으로 전투를 하다 참패를 가져왔다.

마속은 뛰어난 장수(將帥)요, 제갈량(諸葛亮)과는 문경지교(刎頸之交)를 맺은 마량(馬良)의 아우였지만, 제갈량은 한중(漢中)으로 돌아오자 눈물을 머금고 마속의 목을 벤 뒤 장병들에게 사과를 한 것이다. 장관(長官)이 제갈량을 보고 "앞으로 천하를 평정하려 하는 이때에 마속(馬謖) 같은 유능한 인재를 없앴다는 것은 참으로 아까운 일입니다." 하고 말하자, 제갈량이 눈물을 흘리며, "손무(孫武)가 싸워 항상(恒常) 이길 수 있었던 것은 군율(軍律)을 분명히 했기 때문이다. 이같이 어지러운 세상에 전쟁을 시작한 처음부터 군율을 무시하게 되면 어떻게 적을 평정할 수 있겠는가?" 라고 대답했다는 것이다.

'읍참마속'은 울면서 마속을 베다라는 뜻으로, 규율을 위하여 설령 아끼는 사람이라 할지라도 위반자는 엄격하게 처분해야 한다는 의미를 표현하는 말이다.

泣斬馬謖 법의 공정함을 지키기 위해 사사로운 정을 버린다

泣 : 울 읍, 8획 ——————————————————— 부수 : 氵

水(물 수)와 立(설 립)이 합하여 이루어진 모습이다. 사람이 땅을 딛고 울고 있는 모습을
표현한 것으로, '울다'나 '눈물'이라는 뜻을 가진 글자이다.

斬 : 벨 참, 11획 ——————————————————— 부수 : 斤

斤(근 근)과 車(수레 차)가 합하여 이루어진 모습으로, '베다', '끊다', '재단하다'라는 뜻
을 가진 글자이다.

馬 : 말 마, 10획 ——————————————————— 부수 : 馬

갑골문을 보면 '말'의 모양을 본뜬 모습으로, 말의 특징을 표현하기 위해 큰 눈과 갈기가
함께 그려져 있으며, '말'을 뜻하는 글자이다.

謖 : 일어날 속, 17획 ——————————————————— 부수 : 言

言(말씀 언)과 畟(날카로울 측)이 합하여 이루어진 모습으로, '일어나다', '일어서다', '뛰어
나다'라는 뜻을 가진 글자이다.

읍참마속 이렇게 표현하자

"정치인들은 눈앞의 이익만, 쫓지 않고 '읍참마속'의 정신을 갖추어야 한다."

이심전심
以心傳心
마음과[心] 마음[心]으로써[以] 전[傳]한다

『전등록(傳燈錄)』은 송나라의 사문(沙門) 도언(道彦)이 석가세존 이래로 내려온 조사(祖師)들의 법맥 계통을 세우고 또한 많은 법어를 기록한 책이다. 여기에 있는 내용이다.

어느 날 세존께서 영취산에 제자를 모아놓고 말없이 연꽃을 들어 대중에게 보였다. 이러한 세존의 행위를 제자인 가섭(迦葉)만이 알고 미소를 지었다는 데서 유래한 말이다. 이때 석가 세존이 말했다.

"나는 정법안장(正法眼藏 : 사람이 본래 갖춘 마음의 덕), 열반묘심(涅槃妙心 : 번뇌에서 벗어나 진리를 깨치는 마음), 실상무상(實相無相 : 불변의 진리), 미묘법문(微妙法門 : 진리를 깨치는 마음)과 불립문자(不立文字)와 교외별전(敎外別傳 : 다 같이 경전이나 언어 등에 의존하지 않고 이심전심으로 전한다)이 있다. 나는 이것을 가섭에게 부탁한다."

선종에서는 선의 기원을 석가가 가섭에게 준 법문 속에서 구하고 있는 것은 주지의 사실이다. 오조대사도 '불(佛) 멸후(滅後) 법'을 가섭에게 부쳐 마음으로써(以心) 중생의 마음에 전한다(傳心)고 『전등록(傳燈錄)』에서 밝히고 있다.

'이심전심'은 인간관계에서 신뢰와 존중이 중요하다는 것을 강조하고 있다. 서로를 진심으로 이해하고 존중하려는 마음이 있어야만 이심전심이 가능하다는 것이다.

以心傳心 말이나 글이 아닌 마음으로 서로 통하다

以 : 써 이, 5획 ───────────────────── 부수 : 人

'~로써'나 '~에 따라', '~부터'와 같은 뜻으로 쓰이는 글자이다. 갑골문을 보면 수저와 같은 모양이 그려져 있는데, 밭을 가는 도구이거나 탯줄을 뜻하는 것으로 추측하고는 있지만, 아직 명확한 해석은 없다.

心 : 마음 심, 4획 ───────────────────── 부수 : 心

'마음'이나 '생각', '심장', '중앙'이라는 뜻을 가진 글자이다. 사람의 심장 모양을 본뜬 글자로 고대에는 사람의 뇌에서 지각하는 개념을 모두 심장에서 나오는 것으로 인식해 '마음'의 의미로 쓰이게 되었다.

傳 : 전할 전, 13획 ───────────────────── 부수 : 亻

人(사람 인)과 專(오로지 전)이 합하여 이루어진 모습으로, 사람에게 방적 기술을 전한다는 의미에서 '전하다'나 '전해 내려오다'라는 뜻을 가진 글자가 되었다.

心 : 마음 심, 4획 ───────────────────── 부수 : 心

'마음'이나 '생각', '심장', '중앙'이라는 뜻을 가진 글자이다. 사람의 심장 모양을 본뜬 글자로 고대에는 사람의 뇌에서 지각하는 개념을 모두 심장에서 나오는 것으로 인식해 '마음'의 의미로 쓰이게 되었다.

이심전심 이렇게 표현하자

"두 친구는 '이심전심'으로 서로의 고민을 나누었다."

일거양득
一擧兩得
한 번[一] 움직여[擧] 둘[兩]을 얻음[得]

중국 전국시대, 한나라와 위나라가 서로 싸운 지 일 년이 지나도록 화해하지 않자 진나라 혜왕은 진진에게 의견을 물었다. 이에 진진이 말했다.

"예전에 변장자라는 사람이 여관에서 투숙할 때, 호랑이 두 마리가 나타났습니다. 이에 그가 나가서 호랑이를 찔러 죽이려고 하자 여관에서 잔심부름하던 아이가 말리며 말했습니다.

'호랑이 두 마리가 지금 소를 잡아먹으려고 서로 다투고 있습니다. 이렇게 서로 싸우면 큰 놈은 상처를 입게 될 것이고, 작은 놈은 결국 죽게 될 것입니다. 그때 상처 입은 놈을 찔러 죽이면 한꺼번에 호랑이 두 마리를 잡았다는 명성을 얻게 될 것입니다.'

변장자는 아이의 말이 옳다고 생각하며 잠시 기다렸습니다. 과연 두 호랑이는 서로 싸워서 한 마리는 죽고 한 마리는 큰 상처를 입었습니다. 그러자 상처 입은 호랑이를 찔러 죽였고 한 번에 호랑이 두 마리를 잡는 공을 세웠습니다.

한나라와 위나라도 이와 마찬가지로 큰 나라는 상처를 입게 될 것이고 작은 나라는 망할 것입니다. 이 때 상처 입은 나라를 치면 한 번에 둘을 얻는 공을 얻게 될 것입니다."

그 조리 정연한 말을 듣고 난 혜문왕은 마음을 돌려 군대를 촉 땅으로 보냈다. 그리하여 오랑캐를 정벌하고 국토를 넓힘으로써 천하통일을 바라볼 수 있게 되었다.

一擧兩得 한 가지의 일로 두 가지의 이익을 보는 것

一 : 한 일, 1획 ─────────────────────── 부수 : 一

'하나'나 '첫째', '오로지'라는 뜻을 가진 글자이다. 一(일)은 막대기를 옆으로 눕혀놓은 모습을 그린 것이다.

擧 : 들 거, 18획 ─────────────────────── 부수 : 手

舁(마주들 여)와 与(어조사 여), 手(손 수)가 합하여 이루어진 모습으로, 손(手)으로 준다 (與)는 의미에서 '들다'나 '일으키다'라는 뜻을 가진 글자이다.

兩 : 두 량, 8획 ─────────────────────── 부수 : 入

(나란히 들어갈 량(양))과 帀(두를 잡)이 합하여 이루어진 모습이다. 본래 '쌍'이나 '짝'이 라는 뜻으로 만들어졌었지만, 후에 저울을 닮았다 하여 무게의 단위로도 쓰이게 되어 '둘'이나 '짝', '무게의 단위'라는 뜻을 가진 글자이다.

得 : 얻을 득, 11획 ─────────────────────── 부수 : 彳

彳(조금 걸을 척)과 貝(조개 패), 寸(마디 촌)이 합하여 이루어진 모습이다. 길에서 손으로 조개를 줍는다는 의미로, '얻다'나 '손에 넣다'라는 뜻을 가진 글자이다.

일거양득 이렇게 표현하자

"영어를 배우면서 문화를 배울 수 있는 유학은 '일거양득'의 기회다."

일망타진
一網打盡

그물[網]을 한번[一] 쳐서[打] 모두 잡는다[盡]

송나라는 태조 이래로 외교적인 정책에는 줄곧 실패를 거듭해 왔다. 이러한 상태로 4대 인종 때까지 이르렀다. 인종 때에 청렴 강직하기로 이름이 높은 두연(杜衍)이 재상이 되었다. 이 무렵은 왕이 대신들과 의논하지 않고 마음대로 성조(聖詔)를 내려 역량 있는 자들에게, 벼슬 살이를 시켰는데 이것이 내강(內降)이다.

이러한 '내강'은 두연이 발탁되면서 사정이 달라졌다. 이러한 관습이 조정을 어지럽힌다고 믿었기 때문에 자신이 가지고 있다가 황제에게 되돌려 보냈다. 황제는 믿음이 가는 구양수라는 신하와 의논했다.

"짐의 내강을 두연이 무시하고 있네."

아무리 재상이라도 군왕의 명을 무시했다면 무사할 수가 없다. 이러던 차에 두연의 사위 소순흠(蘇舜欽)이 공금을 유용하고 파당을 만들어 그 폐해가 적지 않았다. 두연에 대한 탄핵서를 접수했던 왕공진(王拱辰) 어사는 이러지도 저러지도 못하고 있다가 뜻밖의 기회에 두연과 왕공진, 그리고 연루자들을 색출하여 모두 잡아들였다.

"내가 일망타진했다!"

죄인들을 모조리 검거했다는 것이다.

'일망타진'은 한 번 그물을 쳐서 모든 물고기를 잡는다는 뜻으로, 어떤 무리를 한꺼번에 모조리 다 잡는다는 것을 표현할 때 사용하는 말이다.

一網打盡 어떤 무리를 한꺼번에 모두 잡는다

一 : 한 일, 1획 ──────────────── 부수 : 一
'하나'나 '첫째', '오로지'라는 뜻을 가진 글자이다. 一(일)은 막대기를 옆으로 눕혀놓은
모습을 그린 것이다.

網 : 그물 망, 14획 ──────────── 부수 : 糸
糸(실 사)와 罓(그물망 망), 亡(망)이 합하여 이루어진 모습이며, '그물', '그물질하다'라는
뜻을 가진 글자이다.

打 : 칠 타, 5획 ──────────────── 부수 : 扌
手(손 수)와 丁(못 정)이 합하여 이루어진 모습이며, '치다'나 '때리다'라는 뜻을 가진 글
자이다.

盡 : 다할 진, 14획 ──────────── 부수 : 皿
皿(그릇 명)과 聿(붓 율)이 합하여 이루어진 모습이다. 손에 솔 같은 것을 잡고 그릇[皿]
을 닦는 모습에서 '다하다'나 '완수하다'라는 뜻을 가진 글자가 되었다.

일망타진 이렇게 표현하자

"세무조사를 통해 탈세 기업들이 '일망타진'되어 세금이 환수되었다."

자포자기
自暴自棄

자신[自]을 스스로[自] 해치고[暴] 버린다[棄]

『맹자』의 「이루편 상(離婁篇上)」에는 다음과 같은 내용이 있다.

스스로 해치는 사람과는 더불어 말할 것이 못 되고

(自暴者 不可與有言也)

스스로 자신을 버리는 사람과는 더불어 행동할 것이 못되는 것이니

(自暴者 不可與有爲也)

말로 예의를 헐뜯는 것을 스스로 해친다 말을 하고

(言非禮義 謂之自暴也)

자기의 몸은 인에 살거나 의에 따르지 못한다고 하는 것을 스스로 버린다고 말한다. (吾身不能居仁由義 謂之自暴也)

맹자는 "스스로를 학대하는 자와는 더불어 이야기를 나눌 수 없고, 스스로를 버리는 자와는 더불어 행할 수 없다"라고 말하였다. 말로 예의를 비난하는 것을, 자포(自暴)라 하고, 내 몸이 인(仁)에 살고 의(義)를 따라 행하지 않는 것을 자기(自棄)라고 했다. 즉 도덕을 무시하고 더 나은 인간이 되려는 노력을 멈추는 것을 '자포자기'라고 말하였다.

'자포자기'는 문제를 해결하지 못하고 오히려 더 큰 문제를 발생시킬 수 있기 때문에, 우리는 긍정적인 태도를 유지하고 끊임없이 노력해야 한다. 삶에는 어려움과 실패가 있을 수 있지만, 이러한 어려움을 극복하고 나아가려는 노력이 중요하다.

自暴自棄 절망 상태에 빠져 자신을 돌보지 않고 포기함

自 : 스스로 자, 6획 ──────────────── 부수 : 自

사람의 코 모양을 본뜬 것으로, 자신을 가리키는 의미에서 '스스로'나 '몸소', '자기'라는 뜻을 가진 글자이다. 지금은 鼻(코 비)가 '코'라는 뜻을 대신 쓰이고 있다.

暴 : 사나울 포, 15획 ──────────────── 부수 : 日

日(해 일)과 共(함께 공), 水(물 수)가 합하여 이루어진 모습으로, '사납다'나 '난폭하다', '모질다'라는 뜻을 가진 글자이다. 햇빛에 곡물을 두 손으로 쬐어서 말리는 모양에서 '드러내다'는 의미에서 후에 '사납다'까지 확대되었다.

自 : 스스로 자, 6획 ──────────────── 부수 : 自

사람의 코 모양을 본뜬 것으로, 자신을 가리키는 의미에서 '스스로'나 '몸소', '자기'라는 뜻을 가진 글자이다. 지금은 鼻(코 비)가 '코'라는 뜻을 대신 쓰이고 있다.

棄 : 버릴 기, 12획 ──────────────── 부수 : 木

木(나무 목)과 弃(버릴 기)가 합하여 이루어진 모습으로, 두 손으로 멀리 밀어 내친다는 의미에서 '버리다'나 '그만두다', '돌보지 않다'라는 뜻을 가진 글자가 되었다.

자포자기 이렇게 표현하자

"이번 실패로 '자포자기'하지 말고 자신을 더 소중히 생각하며 다시 도전했으면 해"

전전반측
輾轉反側

누워서[輾] 이리저리[轉] [反] 뒤척거림[側]

전전반측은 수레바퀴가 한없이 돌며 옆으로 뒤척인다는 뜻으로, 생각과 고민이 많아 잠을 이루지 못하거나 잠을 이루지 못해 뒤척임을 되풀이하는 것을 형용한 말이다.

공자가 엮은 『시경(詩經)』에는 다음과 같은 구절이 있다.

요조숙녀는 군자의 좋은 짝이로다.
요조숙녀를 자나 깨나 구한다.
구해도 얻지 못한지라 자나 깨나 생각한다.
생각하고 또 생각하며 옆으로 누웠다 엎었다 뒤쳤다 한다.

이것은 남녀의 순수한 애정의 노래다. 이 시를 평하여 공자께서는
"즐거우면서도 음탕하지 않고 슬프지만, 마음이 상하지 않는다."라고
했다.

'전전반측'은 착하고 아름다운 여인을 그리워하여 잠을 이루지 못하는 것을 묘사한 것이었는데 지금은 많은 고민과 걱정으로 잠을 이루지 못하는, 경우에도 쓰이고 있다.

輾轉反側 생각과 고민이 많아 잠을 이루지 못함

輾 : 돌 전, 돌아누울 전, 17획 ─────────── 부수 : 車

車(수레 차)와 展(펼 전)이 합하여 이루어진 모습으로, 수레바퀴가 도는 것에서 '구르다', '돌아눕다', '돌다'라는 뜻을 가진 글자가 되었다.

轉 : 구를 전, 돌릴 전, 18획 ─────────── 부수 : 車

車(수레 거)와 專(오로지 전)이 합하여 이루어진 모습으로, 수레의 바퀴가 빙빙 도는 것에서 '구르다', '회전하다'라는 뜻을 가진 글자가 되었다.

反 : 돌이킬 반, 4획 ─────────── 부수 : 又

厂(기슭 엄)과 又(또 우)가 합하여 이루어진 모습으로, '되돌아오다'나 '뒤집다'라는 뜻을 가진 글자이다.

側 : 기울 측, 곁 측, 11획 ─────────── 부수 : 亻

人(사람 인)과 則(법칙 칙)이 합하여 이루어진 모습이다. 솥 주변에 사람들이 가까이 있는 모습으로 그려져 '곁'이나 '가까이'라는 뜻을 가진 글자가 되었다.

전전반측 이렇게 표현하자

"시험을 앞두고 '전전반측'하며 잠을 이루지 못했다."

전화위복
轉禍爲福
재앙[禍]이 바뀌어[轉] 복[福]이 됨[爲]

소진(蘇秦)과 장의(張儀)는 귀곡선생의 제자였다. 처음에 소진은 한나라의 선혜왕을 찾아가 합종책을 펼쳤다. '이젠 죽는 한이 있어도 진을 섬기지 않겠다.'라고 했으나 선혜왕의 뒤를 이어 양왕이 보위에 오르자 진나라의 압력은 거세졌다. 이때 진나라에서 온 인물이 장의였다. 그는 소진의 합종을 정면으로 부인하여 말했다.

"지금 한나라의 강산을 돌아보면 대체로 산이 많은 편입니다. 이것은 나라 안에서 생산되는 물건이 적다는 것을 의미합니다. 그러므로 오랜 전쟁에 대비하여 식량을 비축하는 데에는 형편이 여의치를 않습니다. 어디 그뿐입니까. 인구가 적으니 병사의 수효가 적어 약소국이라 할 수 있습니다. 지금 한나라의 국력으로 진나라를 대적하는 것은 계란으로 바위를 치는 격입니다. 그러므로 진나라를 대적하는 것보다는 차라리 섬기는 것이, 훨씬 이로울 것입니다. 나라 안에서 생산되는 산물이 적으므로 오히려 나라를 구할 수 있으니 이것이 어찌 전화위복(轉禍爲福)이 아니겠습니까?"

결국 양왕은 진나라에 선양의 땅을 바치고 전쟁을 피했다.

'전화위복'은 인간의 삶이 예측 불가능하며, 어떤 일이 일어날지 알 수 없다는 것을 의미한다. 따라서 우리는 어떤 상황에서든 긍정적인 마음을 유지하고, 끊임없이 노력해야 한다는 뜻이다.

轉禍爲福 재앙이 오히려 복이 되어 돌아오다

轉 : 구를 전, 18획 ———————————————————— 부수 : 車

車(수레 거)와 專(오로지 전)이 합하여 이루어진 모습으로, 수레의 바퀴가 빙빙 도는 것에서 '구르다', '회전하다'라는 뜻을 가진 글자가 되었다.

禍 : 재난 화, 14획 ———————————————————— 부수 : 示

示(보일 시)와 咼(화할 화)가 합쳐진 모습으로 '재앙'이나 '화를 입다'라는 뜻을 가진 글자이다. 示(시)는 초인간적인 하늘의 상징 표현이고, 咼(화)는 '骨(골)'의 변형으로 잔해만 남았다는 의미에서 '재앙'의 뜻으로 생성되었다.

爲 : 할 위, 12획 ———————————————————— 부수 : 爫

원숭이가 발톱을 쳐들고 할퀴려는 모습이라는 해석도 있지만 코끼리에게 무언가를 시킨다는 의미가 확대되면서 '~을 하다'나 ~을 위하다'라는 뜻을 갖게 되었다.

福 : 복 복, 14획 ———————————————————— 부수 : 示

示(보일 시)와 畐(가득할 복)이 합하여 이루어진 모습으로, 신에게 술 단지 같은 제물을 바치는 모양에서 '복'이나 '행복'이라는 뜻을 가진 글자가 되었다.

전화위복 이렇게 표현하자

"그는 암 진단을 받고 큰 절망에 빠졌지만, 긍정적인 마음으로 극복하고 결국 '전화위복'을 이루었다."

절차탁마

切磋琢磨

잘라서[切] 갈고[磋] 다듬어[琢] 닦음[磨]

논어 학이편(學而篇)에는 시경(詩經)에 실려 있는 시가 인용되고 있다.

언변과 재기가 뛰어난 자공(子貢)이 어느 날 스승인 공자(孔子)에게 물어보았다.

"가난해도 아첨함이 없고, 부유하면서 교만함이 없는 것은 어떠합니까?"

공자는 이렇게 대답했다.

"훌륭하도다. 그러나 가난해도 도(道)를 즐거워하고, 부유하면서도 예절을 좋아하는 사람만은 못하느니라."

자공(子貢)이 다시 물어보았다.

"시경에는 '선명하고 아름다운 군자는 뼈나 상아(象牙)를 잘라서 줄로 간 것처럼, 또한 옥이나 돌을 쪼아서 모래로 닦은 것처럼, 밝게 빛나는 것 같다.'고 나와 있는데, 이는 선생님이 말씀하신 '수양에 수양을 쌓아야 한다.'는 것과 같습니까?"

공자는 대답했다.

"사(賜 : 자공의 이름)야, 비로소 더불어 시경을 논할 만하구나. 지난 일들을 일러 주었더니 닥쳐올 일까지 안다고 했듯이, 너야말로 하나를 듣고 둘을 알 수 있는 인물이로다."

切磋琢磨 옥과 돌을 갈고 닦듯, 학문과 덕행을 닦음

切 : 끊을 절, 4획 ──────────────────────── 부수 : 刀

七(일곱 칠)과 刀(칼 도)가 합하여 이루어진 모습으로, '끊다'나 '베다'라는 뜻을 가진 글자이다. 칼로 물건을 베는 의미에서 '끊다'는 의미가 생성되었으며, 후에 정성스럽고 적절하게 한다는 의미에서 '간절하다'는 뜻까지 생성되었다.

磋 : 갈 차, 삭은 뼈 자, 15획 ────────────────── 부수 : 石

石(돌 석)과 差(다를 차)가 합하여 이루어진 모습으로, 상아를 갈다는 의미에서 '갈다', '연마하다'라는 뜻을 가진 글자가 되었다.

琢 : 다듬을 탁, 12획 ──────────────────────── 부수 : 王

王(임금 왕)과 豖(발 얽은 돼지 걸음 축)이 합하여 이루어진 모습으로, 옥을 쪼아 다듬는다는 의미에서, '다듬다', '연마하다'라는 뜻을 가진 글자이다.

磨 : 갈 마, 16획 ──────────────────────── 부수 : 石

石(돌 석)과 麻(삼 마)가 합하여 이루어진 모습으로, '갈다'나 '닳다', '문지르다'라는 뜻을 가진 글자이다. 돌로 갈아 문지르거나 부순다는 의미에서 '연마하다'까지 파생되었다.

절차탁마 이렇게 표현하자

"'절차탁마'를 통해 자신의 기술을 발전시키고 싶어 하는 젊은 예술가들이 많다."

점입가경

漸入佳境

점점[漸] 아름다운[佳] 경지에[境] 들어섬[入]

고개지(顧愷之)는 중국 동진(東晉)시대 명화가(名畫家)이다. 그는 다재다능(多才多能)한 화가였으며 문학과 서예에도 능해 훌륭한 작품을 남겼다. 여기에다 시속(時俗)과 맞지 않는 특이한 언행과 해학으로 당시 사람들은 그를 삼절(三絶 : 畵絶, 才絶, 痴絶)이라 하였는데, 이는 당시의 풍속과 맞지 않는 특이한 말과 행동 때문으로 보인다.

《진서(晉書)》, 〈고개지전(顧愷之傳)〉에 나오는 이야기다.

고개지는 감자(甘蔗 : 사탕수수)를 즐겨 먹었다. 그런데 늘 가느다란 줄기 부분부터 먼저 씹어 먹었다. 이를 이상하게 여긴 친구들이, "사탕수수를 먹을 때 왜 거꾸로 먹나?" 하였다.

고개지는, "갈수록 점점 단맛이 나기 때문(漸入佳境)이다" 하고는 태연하였다.

이때부터 '점입가경'이 경치나 문장 또는 어떤 일의 상황이 갈수록 재미있게 전개되는 것을 뜻하게 되었다고 한다. 줄여서 자경(蔗境) 또는 가경(佳境)이라고도 한다.

'점입가경'은 세상의 모든 일이 처음부터 완벽한 것은 아니며, 점점 발전하고 성장해 나갈 수 있다는 것을 의미한다.

漸入佳境 점점 더 흥미롭거나 아름다워지는 모습

漸 : 점점 점, 적실 점, 14획 ──────────────────── 부수 : 氵

水(물 수)와 斬(벨 참)이 합하여 이루어진 모습으로, 중국 저장성(浙江省)에 있는 첸탕강 (錢塘江)을 말하는데, 이전에는 젠슈이(漸水)라고 불렸다. 그러나 강의 유속이 느려져 후에 '차츰'이나 '점점', '천천히 나아가다'라는 뜻을 갖게 되었다.

入 : 들 입, 2획 ──────────────────── 부수 : 入

나무를 끼워 맞추기 위해 끝을 뾰족하게 다듬은 형태를 그린 것으로, '들다', '빠지다', '간여하다'라는 뜻을 가진 글자이다.

佳 : 아름다울 가, 8획 ──────────────────── 부수 : 亻

人(사람 인)과 圭(홀 규)가 합하여 이루어진 모습이다. 천자가 제후를 봉할 때 하사하던 긴 막대 모양의 증표를 그린 것으로 '아름답다', '좋다', '훌륭하다'라는 뜻을 가진 글자이다.

境 : 지경 경, 14획 ──────────────────── 부수 : 土

土(흙 토)와 竟(다할 경)이 합하여 이루어진 모습이다. 영토의 끝자락을 의미하여 '지경'이나 '경계', '경우'라는 뜻을 가진 글자이다.

점입가경 이렇게 표현하자

"그의 음악은 진짜 '점입가경'으로 처음부터 귀에 쏙 닿는 멜로디로, 들으면 들을수록 무한 반복하게 된다."

조강지처
糟糠之妻

술지게미[糟]와 쌀겨[糠]로 끼니를 이어간[之] 아내[妻]

후한의 광무제에게는 호양공주(湖陽公主)라는 누님이 있었다. 그 공주는 일찍 출가하였는데 과부가 되어 있었다. 어느 날 광무제가 재혼할 생각이 있느냐고 묻자 그녀는 대사공(大司空) 직책에 있는 송홍(宋弘)을 사모하고 있다고 말했다.

"송홍과 같은 사람이라면 시집을 가겠어요."

그러나 문제는 이미 송홍에게는 아내가 있다는 점이었다. 아무리 군왕의 몸이었지만 누님을 위해 불의한 일을 해달라고 청을 넣을 수는 없었다. 그래서 광무제는 누님을 옆방에 있게 한 후에 송홍을 불러들였다. 그리고는 대사공 지위에 있으니 아내를 바꾸는 것이 어떻겠느냐고 넌지시 말했다. 송홍이 답했다.

"아닙니다, 폐하. 소신은 가난할 때 사귄 친구를 잊지 말고 조강지처는 내치지 않는 것이 옳다고 생각합니다."

어려울 때 사귄 친구와 고통을 함께 한 아내는 버릴 수 없다는 말이었다. 송홍이 물러간 뒤에 광무제는 누님과 대면한 자리에서 어색한 웃음을 흘릴 수밖에 없었다. 송홍의 단호함으로 볼 때 누님의 배필이 된다는 가망이 없었기 때문이었다.

糟糠之妻 어려울 때 함께 고생한 아내

糟 : 지게미 조, 17획 ──────────────────── 부수 : 米

米(쌀 미)와 曹(무리 조)가 합하여 이루어진 모습으로, '기게미(술을 짜낸 찌꺼기)', '찌꺼기'를 뜻하는 글자이다.

糠 : 겨 강, 17획 ──────────────────── 부수 : 米

米(쌀 미)와 康(편안 강)이 합하여 이루어진 모습으로, '겨(곡식의 껍데기)', '쌀겨'를 뜻하는 글자이다.

之 : 갈 지, 4획 ──────────────────── 부수 : ノ

갑골문자를 보면 발을 뜻하는 止(발 지)가 그려져 있는데 사람의 발을 그린 것으로 '가다'나 '~의', '~에'와 같은 뜻으로 쓰이는 글자이다.

妻 : 아내 처, 8획 ──────────────────── 부수 : 女

女(여자 녀(여))와 一(한 일), 肀(붓 사)가 합하여 이루어진 모습이다. 여자의 머리칼을 만지는 모습을 표현한 것으로, '아내', '시집보내다', '간음하다'라는 뜻을 가진 글자가 되었다.

조강지처 이렇게 표현하자

"그녀는 진정한 '조강지처'로서 남편을 헌신적으로 지지하고 아꼈다."

225

조령모개
朝令暮改

아침[朝]에 내린 명령[令] 저녁[暮]에 고친다[改]

전한의 문제와 경제 때에 어사대부를 지낸 조착(鼂錯)은 학문이 빼어나 늘 황제에게 제후의 영토를 줄일 것과 법령의 개정과 변경을 침탈하는 흉노에 대하여 헌책(獻策)을 했다.

"요즘 흉노가 자주 변경을 침탈하여 약탈해 감으로 변방엔 곡식이 부족합니다. 흉노가 변방을 침략하여 약탈을 자행하기 때문에 둔수(屯戍 : 경작하면서 부비하는 일)하는 사람이 많아져 변방에서 거두는 곡식으로는 먹지 못하는 자들에게 공급할 식량이 부족합니다. 다섯 명 가족의 농가에서는 부역이 무겁기 때문에 농사를 짓는 데에 어려운 점이 많습니다. 또한 아침에 내려온 명령이 저녁에 다시 고쳐 내려오니(朝令暮改) 전답을 지닌 사람들도 그것을 반값에 팔고 남은 빚은 아녀자를 팔아 갚는다고 합니다."

이러한 폐단을 고치기 위하여 세제를 크게 개정하고 학식이 있는 자를 장관으로 삼는 현량방정 제도를 실시한 것이다. 지나친 세금과 부역으로 인하여 장사꾼과 빚쟁이들의 배를 불리는 결과를 가져오게 된 것이다. 농민들은 농토를 잃게 되므로 세금과 부역을 줄이고 힘이 있고 재물이 있는 사람에게 곡식을 바치게 하자는 내용이었다.

'조령모개'는 오늘 내린 명령을 저녁에 바꾼다는 뜻으로, 정책이나 지시가 자주 바뀌어 백성이 혼란스러워하는 것을 비판하는 것을 의미한다.

朝令暮改 법령을 자주 고쳐 갈피를 잡기가 어려움

朝 : 아침 조, 12획 ──────────────── 부수 : 月

艹(풀 초)와 日(해 일), 月(달 월)이 합하여 이루어진 모습으로, 해가 떠서 햇빛을 빛내기
시작한다는 뜻에서 '아침'과 후에 국가 정사를 논하는 '정사'라는 뜻을 가지게 되었다.

令 : 하여금 령(영), 5획 ──────────────── 부수 : 人

스(삼합 집)과 卩(병부 절)이 합하여 이루어진 모습이다. 큰 건물 아래에서 명령을 내리는
사람을 표현한 것으로, '~하게 하다', '이를테면', '법령'이라는 뜻을 가진 글자이다.

暮 : 저물 모, 14획 ──────────────── 부수 : 日

莫(없을 막)와 日(해 일)이 합하여 이루어진 모습으로, '(날이)저물다'나 '(시간에)늦다'라는
뜻을 가진 글자이다. 해가 풀숲에 가린 저녁의 의미인 '莫(막)'이 '없다'로 사용되자 후에
'日(일)'을 더해 '저녁'의 의미를 별도로 만들었다.

改 : 고칠 개, 7획 ──────────────── 부수 : 攵

己(자기 기)와 攵(칠 복)이 합하여 이루어진 모습으로, '고치다'나 '바꾸다'라는 뜻을 가진
글자이다. 회초리로 어린아이를 훈육하여 잘못을 바로잡는다는 의미에서 만들어졌다.

조령모개 이렇게 표현하자

"정부의 '조령모개'정책은 국민의 불신만 샀다."

조삼모사
朝三暮四

아침[朝]에 셋[三] 저녁[暮]에 넷[四]

송나라에 저공(狙公)이란 사람이 있었다. 본래의 이름이 있었을 터이지만 워낙 원숭이를 좋아했기 때문에 그렇게 불리는 것으로 풀이된다(狙는 원숭이를 뜻함). 저공은 원숭이를 너무 좋아하여 집에도 많은 원숭이가 있었다.

저공은 원숭이들에게 말했다.

"너희들에게 줄 도토리를 앞으로는 아침에 세 개, 저녁에 네 개 주려고 한다."

그러자, 원숭이들은 아침이 적다고 불평을 했다.

원숭이들이 불평하자 저공은

"그러면 아침에 네 개, 저녁에 세 개를 주면 어떻겠느냐?"라고 다시 물었다. 그러자 원숭이들은 아침에 네 개라는 데 만족하여 손뼉을 치며 좋아 했다.

이 이야기는 원래 저공이 원숭이를 다루듯 지혜로운 자는 대중을 힘들이지 않고 교묘히 다스릴 수 있음을 뜻한 것인데, 지금은 눈앞에 보이는 차이만 알고 결과가 같은 것임을 모르는 어리석음을 비유하거나 남을 농락해 속이는 행위를 비유할 때 쓰인다.

朝三暮四 농락당하면서도 그것을 모르는 경우를 빗대는 말

朝 : 아침 조, 12획 ——————————————— 부수 : 月
艹(풀 초)와 日(해 일), 月(달 월)이 합하여 이루어진 모습으로, 해가 떠서 햇빛을 빛내기 시작한다는 뜻에서 '아침'과 후에 국가 정사를 논하는 '정사'라는 뜻을 가지게 되었다.

三 : 석 삼, 3획 ——————————————— 부수 : 一
나무막대기 세 개를 늘어놓은 모습을 그린 것으로, '셋'이나, '세 번', '거듭'이라는 뜻을 가진 글자이다.

暮 : 저물 모, 15획 ——————————————— 부수 : 日
莫(없을 막)와 日(해 일)이 합하여 이루어진 모습으로, '(날이)저물다'나 '(시간에)늦다'라는 뜻을 가진 글자이다. 해가 풀숲에 가린 저녁의 의미인 '莫(막)'이 '없다'로 사용되자 후에 '日(일)'을 더해 '저녁'의 의미를 별도로 만들었다.

四 : 넉 사, 5획 ——————————————— 부수 : 口
숫자 '넷'을 뜻하는 글자로, 갑골문을 보면 긴 막대기 네 개를 그린 亖(넉 사)가 그려져 있었다.

조삼모사 이렇게 표현하자

"그는 '조삼모사'의 태도로 인해 결국 아무것도 얻지 못했다."

죽마고우
竹馬故友

대나무[竹] 말[馬]을 타고 놀던 옛[故] 친구[友]

고향 친구 은호(殷浩)라는 이가 숙부와 함께 역(易)을 공부하였는데, 어느 날 한사람이 찾아와 꿈풀이를 해달라고 청을 넣었다.

"제가 꾼 꿈이 참으로 묘하거든요. 관리가 되려면 꿈에 관(棺)을 보고 재물이 생길 때, 더러운 것을 보게 된다는 데 이게 어찌 된 일입니까? 말씀해 주십시오."

"관리란 본시 썩을 대로 썩어 냄새가 나기 마련이네. 그렇기 때문에 관리가 되고자 하는 자는 꿈속에서 관을 보게 되오. 그런가 하면 재물이란 본시 티끌과 같은 것이네. 그러다 보니 꿈속에서 더러운 것을 보게 되는 것이네."

세월이 흘러 후조(後趙)에 반란이 일어나자 은호를 중군 장군으로 삼아 정벌하게 하였다. 그런데 출발할 즈음에 말에서 떨어지는 바람에 불길하게 여겼는데 과연 크게 패하여 돌아온 것이다. 모두 안타까워했지만 이것을 다행으로 생각한 것은 환온 뿐이었다. 은호를 규탄하는 상소를 올려 귀양을 가게 한 다음 그가 말했다.

"그와 나는 죽마를 타고 놀았다. 내가 싫증나서 버리면 그가 가지고 놀았으니 내 밑에 있는 것이 당연하다."

'죽마고우'는 대나무 말을 타고 놀던 벗이라는 뜻으로, 어릴 때부터 같이 놀며 자란 벗을 의미하는 고사성어이다.

竹馬故友 어릴 때부터 같이 놀며 자란 친한 벗

竹 : 대나무 죽, 6획 ──────────────────── 부수 : 竹

个(망치 마)와 个(망치 마)가 합하여 이루어진 모습으로, '대나무'나 '죽간'이라는 뜻을 가진 글자이다. 竹(죽)은 두 개의 대나무 줄기와 잎사귀가 늘어져 있는 모습을 그린 것이다.

馬 : 말 마, 10획 ──────────────────── 부수 : 馬

갑골문을 보면 '말'의 모양을 본뜬 모습으로, 말의 특징을 표현하기 위해 큰 눈과 갈기가 함께 그려져 있으며, '말'을 뜻하는 글자이다.

故 : 연고 고, 9획 ──────────────────── 부수 : 攵

古(옛 고)와 攵(칠 복)이 합하여 이루어진 모습으로, 古(고)는 아주 오래전에 있었던 이야기를 들려준다는 의미에서 '옛날'이나 '옛일'이라는 뜻을 말한다.

友 : 벗 우, 4획 ──────────────────── 부수 : 又

'벗'이나 '사귀다', '우애가 있다'라는 뜻으로, 又(또 우) 두 개가 같은 방향으로 나란히 놓인 모습이다. 이것은 매우 가까운 벗과 손을 맞잡고 있는 모습을 표현한 것이다.

죽마고우 이렇게 표현하자

"같은 동네에서 '죽마고우'로 자라 직장생활까지 함께하는 경우는 아마 극히 드물 것이다."

중구난방
衆口難防

많은 사람[衆]의 입[口]을 막기[防]는 어렵다[難]

소공(召公)이 주여왕(周厲王)의 언론 탄압에 대하여 본인의 생각을 털어 놓았다.

"무력을 사용하여 백성들의 입을 막는 것은 내(川)를 막는 것보다 더한 것입니다. 내는 막히었다가 터지면 물이 넘쳐흘러 사람을 상하게 합니다. 그러므로 예로부터 치수법에 능한 이들은 흐르는 물은 자연스럽게 흐르도록 하였다는 것입니다. 백성들이 말을 하고자 할 때 탄압하지 않고 그냥 두는 것이 좋습니다."

그러나 여왕은 이 말을 듣지 않고 계속하여 함구령을 밀고 나갔다. 그가 계속 폭정의 칼을 휘두르자 폭동이 일어나 도망을 치다가 잡히어 평생 갇혀 사는 결과를 초래하였다. 그가 갇혀있는 동안에 대신들은 합의하여 정치를 하는 '공화 정치'를 탄생시켰다. 이것이 공화 정치의 시초다.

이러한 말을 쓴 사람은 춘추시대 송나라 사람인 화원(華元)으로, 성을 쌓는 책임자로 나와 있을 때 군중들은 화원이 적국에 포로가 된 것을 비웃어 노래를 불렀다, 당시에 그는 태연하게 '여러 사람의 입은 막기가 어렵다(衆口難防)'하고 나타나지 않았다.

'중구난방'은 여러 사람의 입을 막을 수 없다는 뜻으로, 많은 사람이 각자 다른 의견을 내어 떠드는 것을 다루기 어려운 상황을 비유적으로 표현하는 말이다.

衆口難防 많은 사람이 떠들어대면 막기가 어렵다

衆 : 무리 중, 12획 ─────────────────────── 부수 : 血

血(피 혈)과 乑(나란히 설 음)이 합하여 이루어진 모습으로, '무리'나 '백성'이라는 뜻을 가
진 글자이다. 갑골문에서는 태양 아래에서 많은 사람이 일하는 의미로 보아 '많다', '무
리' 등의 뜻을 생성하게 되었다.

口 : 입 구, 3획 ─────────────────────── 부수 : 口

'입'이나 '입구', '구멍'이라는 뜻을 가진 글자로, 사람의 입 모양을 본떠 그린 것이기 때
문에 '입'이라는 뜻을 갖게 되었다.

難 : 어려울 난, 19획 ─────────────────────── 부수 : 隹

堇(진흙 근)과 隹(새 추)가 합하여 이루어진 모습으로, '어렵다'나 '꺼리다'라는 뜻을 가진
글자이다. 여자가 북을 치면서 전쟁을 알리는 모양으로, 어려움이 시작되었다는 의미인
데, 후에 '女' 대신에 '隹'를 사용하게 되었다.

防 : 막을 방, 7획 ─────────────────────── 부수 : 阝

阜(阝:언덕 부)와 方(모 방)이 합하여 이루어진 모습으로, '막다'나 '방어하다'라는 뜻을 가
진 글자이다.

중구난방 이렇게 표현하자

"인터넷상의 뜬소문은 '중구난방'이라 한 번 퍼지면 막기 어렵다."

지기지우

知己之友

자기[己]를 알아[知] 주는[之] 친구[友]

중국 춘추시대 거문고의 명수 백아(伯牙)와 그의 친구 종자기(鍾子期)와의 고사(故事)에서 비롯된 말이다.

백아는 초나라에 사신으로 가게 되어 오랜만에 고향을 찾아 휘영청 밝은 달을 배경으로 구성지게 거문고를 연주하고 있었다.

그때 몰래 허름한 차림의 젊은 나무꾼이 그의 연주를 엿듣고 있었는데 놀랍게도 그 음악을 꿰뚫고 있었다. 백아는 깜짝 놀랐다. 그가 산의 웅장한 모습과 격류의 우렁찬 기상을 연주하자, 나무꾼은 그가 무엇을 표현했는지를, 정확하게 맞추었다.

백아는 말했다. "당신은 진정 소리를 아는 지음(知音) 분이군요."

그 나무꾼의 이름은 종자기(鍾子期)였으며, 두 사람은 의형제를 맺고 내년에 다시 만나자는 약속을 하고 헤어졌다.

이듬해에 백아는 다시 고향으로 내려가 종자기의 집을 찾았다. 하지만 그때 그는 이미 세상을 떠나고 없었다.

종자기의 묘를 찾은 백아는 몹시 슬퍼하며 거문고를 연주했으나 거문고 줄을 끊어 산산조각 냈다. 종자기 같은 지음(知音)이 없는 세상에서 더 이상 거문고를 연주하고 싶지 않았기 때문이다. 이때부터 '지음(知音)'은 마음까지 통할 수 있는 '절친한 친구'를 뜻하게 되었다.

知己之友 자신의 속마음을 잘 알아주는 친구

知 : 알 지, 8획 ———————————————————— 부수 : 矢

矢(화살 시)와 口(입 구)가 합하여 이루어진 모습으로, '알다'나 '나타내다'라는 뜻을 가진 글자이다. 아는 것을 입으로 말하는 것이 화살처럼 빠르다는 의미에서 '알다'는 의미 생성되었다.

己 : 몸 기, 3획 ———————————————————— 부수 : 己

'몸'이나 '자기'라는 뜻을 가진 글자로 여기서 말하는 '몸'이란 '나 자신'을 뜻한다.

之 : 갈 지, 4획 ———————————————————— 부수 : 丿

갑골문자를 보면 발을 뜻하는 止(발 지)가 그려져 있는데 사람의 발을 그린 것으로 '가다'나 '~의', '~에'와 같은 뜻으로 쓰이는 글자이다.

友 : 벗 우, 4획 ———————————————————— 부수 : 又

'벗'이나 '사귀다', '우애가 있다'라는 뜻으로, 又(또 우) 두 개가 같은 방향으로 나란히 놓인 모습이다. 이것은 매우 가까운 벗과 손을 맞잡고 있는 모습을 표현한 것이다.

지기지우 이렇게 표현하자

"서로의 깊은 비밀까지 공유할 수 있는 '지기지우'는 찾기 힘든 보물과 같다."

지록위마
指鹿爲馬

사슴[鹿]을 가리켜[指] 말[馬]이라 한다[爲]

진시황이 천하를 순행하는 중에 사구(沙丘)에서 세상을 떠나면서 유언하기를, 만리장성 밖으로 쫓겨난 태자 부소(扶蘇)를 불러 다음 보위를 잇게 하였다. 조서를 맡은 환관 조고(趙高)는 유언을 거짓으로 짜 맞추어 어리숙한 호해(胡亥)를 2세 황제로 만들고 부소는 칙명을 사칭하여 자살하게 하였다.

모든 것이 자신의 뜻대로 되어가자 고조는 경쟁자인 이사(李斯)를 죽이고 자신의 뜻에 반대하는 대신들은 누구라 할 것 없이 궁에서 몰아냈다. 이렇게 되니 궁 안은 온통 조고의 세상이 되었다.

이렇게 되자 이번에는 호해가 앉은 용상이 탐이 났다. 우선은 조정 중신들의 의향이 어떤 지를 알아보는 게 급선무였다. 그는 호해 왕제 앞에 사슴 한 마리를 끌고 와서 말했다.

"천 리를 달리는 말입니다."

"그건 사슴이 아니오?"

황제가 이상하다는 표정으로 그렇게 반문했으나 조고는 말이라고 우겼다. 이렇게 하여 조정의 신하들에게 물었는데 말이라 하는 자도 있고 사슴이라고 하는 자도 있었다.

'지록위마'는 사슴을 가리키며 말이라고 부른다는 뜻으로, 사실을 왜곡하고 거짓을 진실로 속이는 행위를 비유할 때 표현하는 말이다.

指鹿爲馬 옳고 그름을 뒤바꾸고 거짓된 것을 진실이라고 속이는 행위

指 : 손가락 지, 9획 ——————————————— 부수 : 扌

手(재방변 수)와 旨(맛있을 지)가 합하여 이루어진 모습으로, 손가락으로 방향을 가리키고 지시를 내린다는 뜻이 확대되어 '손가락'이나 '가리키다'라는 뜻을 가지게 되었다.

鹿 : 사슴 록, 11획 ——————————————— 부수 : 鹿

사슴의 뿔, 머리, 네 발의 모양을 본뜬 모습으로, 뿔이 긴 수사슴을 그린 것이다. '사슴'이라는 뜻을 가진 글자이다.

爲 : 할 위, 12획 ——————————————— 부수 : 爫

원숭이가 발톱을 쳐들고 할퀴려는 모습이라는 해석도 있지만 코끼리에게 무언가를 시킨다는 의미가 확대되면서 '~을 하다'나 ~을 위하다'라는 뜻을 갖게 되었다.

馬 : 말 마, 10획 ——————————————— 부수 : 馬

갑골문을 보면 '말'의 모양을 본뜬 모습으로, 말의 특징을 표현하기 위해 큰 눈과 갈기가 함께 그려져 있으며, '말'을 뜻하는 글자이다.

지록위마 이렇게 표현하자

"정치인들이 '지록위마'를 행사하여 국민들을 속이고 있다."

창해일속
滄海一粟

큰 바다[滄] [海]에 던져진 좁쌀[粟] 한[一] 톨

당송팔대가의 한사람인 소식(蘇軾)이 친구와 함께 뱃놀이를 즐겼다. 그때가 임술년 가을이었다. 강물 위를 미끄러진 배는 어느새 적벽 아래에 이르렀다. 그 옛날 영웅호걸들이 천하를 놓고 승부를 겨루었던 바로 그 현장이었다.

동행했던 친구에게 소식이 말했다.

"그 옛날 조조는 형주를 함락하고 강릉으로 쳐들어갔다네. 장강을 따라 동오로 진격할 때 전함에 꽂은 깃발은 천 리를 이어졌다네. 비록 전쟁이었다 해도 얼마나 장관이었겠는가. 일세의 영웅들이었지. 그런데 지금 그 영웅들은 어디로 갔는가? 이보시게 그 옛날 영웅호걸들이 다투던 그 자리에서 자네와 내가 이렇듯 뱃전에 앉아 술잔을 기울이고 있으니 인생은 새삼 무상한 것이 아니겠는가. 우리의 삶이라는 것도 결국은 천지에 기생하고 있지 않은가."

친구가 답했다.

"옳다네, 우리의 몸이라는 것도 따지고 보면 깊고 넓은 바다 한가운데에 던져진 좁쌀 알갱이 같은 것이지."

훗날 소식은 적벽부를 쓸 때에 '창해일속'이란 용어를 사용하였다.

'창해일속'은 망망한 바닷가에 좁쌀 한 알이라는 뜻으로, 지극히 작거나 보잘것없는 존재를 비유적으로 표현하는 말이다.

238

滄海一粟 지극히 작거나 보잘것없는 존재를 의미함

滄 : 큰 바다 창, 13획 —————————————————— 부수 : 氵
氵(삼수 변)과 倉(곳집 창)이 합하여 이루어진 모습으로, 蒼(푸르다 창)과 통하여 푸르다,
푸른 바다의 뜻을 가지고 있다.

海 : 바다 해, 10획 —————————————————— 부수 : 氵
水(물 수)와 每(매양 매)가 합하여 이루어진 모습으로, 큰물을 의미하여 '바다'나 '바닷
물', '크다', '널리'라는 뜻을 가진 글자이다.

一 : 한 일, 1획 —————————————————— 부수 : 一
'하나'나 '첫째', '오로지'라는 뜻을 가진 글자이다. 一(일)은 막대기를 옆으로 눕혀놓은
모습을 그린 것이다.

粟 : 조 속, 12획 —————————————————— 부수 : 米
米(쌀 미)와 襾(덮을 아)가 합하여 이루어진 모습으로, 오곡 중의 하나인 '조'를 뜻하는 글
자이다.

창해일속 이렇게 표현하자

"이 지식의 바다에서 내가 아는 것은 '창해일속'에 불과하다."

천고마비
天高馬肥

하늘[天]이 높고[高] 말[馬]이 살찐다[肥]

천고마비(天高馬肥)의 원래 말은 '추고새마비(秋高塞馬肥)'로, 당나라 시인 두심언(杜審言)의 시에서 나왔다. 은나라 때부터 중국 북방(北方)에 나타나기 시작한 흉노족(匈奴族)은 거의 2천 년 동안 중국의 각 왕조나 백성들에게 공포와 증오의 대상이었다. 그들은 기병이 강했고, 그 기동력을 십 분 발휘해 바람같이 국경을 넘어 들어와 중국 북방 일대를 휘저으며 약탈을 자행했다. 이때 두심언은 참군(參軍)으로 북쪽에 가 있던 자기 친구 소미도(蘇味道)가 하루빨리 돌아오기를 바라면서 다음의 시를 지었다.

구름은 깨끗한데 요사스러운 별이 떨어지고
가을 하늘이 높으니 변방의 말이 살찌는구나
말안장에 의지하여 영웅의 칼을 움직이고
붓을 휘두르니 격문이 날아온다.

이 시는 변방의 정경과 함께 당군의 빛나는 승전보를 전하는 내용이다. 추고새마비라는 구절은 당군의 승리를 가을날에 비유한 것으로써, '아주 좋은 가을날'을 표현하는 말로 쓰였다.

반면에 이 말은 북방 변경(邊境)의 중국인들은 '하늘이 높고 말이 살찌는(天高馬肥)' 가을만 되면 언제 흉노의 침입이 있을지 몰라 전전긍긍(戰戰兢兢)했다고 한다.

天高馬肥 오곡백과가 무르익는 가을이 썩 좋은 절기임

天 : 하늘 천, 4획 ──────────────────────── 부수 : 大

大(큰 대)와 一(한 일)이 합해진 모습이다. 갑골문자를 보면 大(대) 위로 동그란 모양이 그려져 있는데 사람의 머리 위에 하늘이 있다는 뜻을 표현한 것으로 '하늘'이나 '하느님', '천자'라는 뜻을 가진 글자이다.

高 : 높을 고, 10획 ──────────────────────── 부수 : 高

亠(돼지해머리 두)와 口(입 구), 同(들 경)이 합하여 이루어졌으며, 口(입 구)와 전망대가 있는 높은 누각의 모양을 본뜬 모습으로, '높다'나 '크다'라는 뜻을 가진 글자이다.

馬 : 말 마, 10획 ──────────────────────── 부수 : 馬

갑골문을 보면 '말'의 모양을 본뜬 모습으로, 말의 특징을 표현하기 위해 큰 눈과 갈기가 함께 그려져 있으며, '말'을 뜻하는 글자이다.

肥 : 살찔 비, 8획 ──────────────────────── 부수 : 月

月(육달 월)과 巴(꼬리 파)가 합하여 이루어진 모습이며, '살찌다', '기름지다'라는 뜻을 가진 글자이다.

천고마비 이렇게 표현하자

"이번 주말에 '천고마비'의 계절인 가을을 느끼기 위해 단풍 구경을 가려고 합니다."

천재일우

千載一遇

천[千]년에 한 번[一] 만나는[遇] 기회[載]

예로부터 중국인들은 '천(千)'이라는 말을 즐겨 사용했다. '봉황새가 천년에 한 번 운다'와 '황하의 누런 황토물이 천년에 한 번은 맑아진다'라는 등이 그것이다. 이렇듯 '천'은 반드시 천년이라고 못을 박는 것보다는 '길다', '오랜 시일'이거나 하는, 정작 오랜 세월이라는 의미를 담고 있다.

동진(東晉) 시대에 원굉(袁宏)이라는 이가 있었다. 그는 삼국 시절의 공신 스무 명을 골라 그들 한 사람 한 사람의 행장에 대해 칭찬하는 찬(贊)을 짓고 거기에 맞는 서문을 붙였다. 이른바 「삼국명신서찬(三國名臣序贊)」이다. 서문에는 다음과 같은 구절이 있다.

"백낙을 만나지 못하면 천년을 가도 천리마 하나가 생겨나지 않는다."

이것은 훌륭한 임금과 신하가 서로 만나기 어려운 것을 비유하는 것이며 뒤이어 이렇게 썼다.

"만년에 한 번 기회가 온다는 것은, 사람이 살고 있는 세상의 공통된 원칙이며, 천년에 한 번 만나게 되는 것은, 어진 사람과 지혜로운 사람이 만나게 되는 것이다. 이를 놓치면 어느 누가 한탄하지 않으랴."

'천재일우'는 천년에 한 번 만난다는 뜻으로, 좀처럼 얻기 어려운 좋은 기회를 의미하는 말이다. 끊임없이 노력하고 준비하여 기회가 찾아왔을 때 능숙하게 대처할 수 있도록 해야 한다는 의미이기도 하다.

千載一遇 좀처럼 만나기 어려운 좋은 기회

千 : 일천 천, 3획 ——————————————————————— 부수 : 十

사람의 수를 나타내기 위해 만든 글자로 숫자 '일천'을 뜻하는 글자이다. 갑골문자를 보면 사람을 뜻하는 人(사람 인)의 다리 부분에 획이 하나 그어져 있는데 이것은 사람의 수가 '일천'이라는 뜻이다.

載 : 실을 재, 13획 ——————————————————————— 부수 : 車

車(수레 차)와 哉(어조사 재)가 합하여 이루어진 모습이며, '싣다', '오르다', '등재하다'라는 뜻을 가진 글자이다. 수레에 물건을 '싣다'는 의미와 함께 물건이 아니라 글을 '싣다'는 의미까지 확대되었다.

一 : 한 일, 1획 ——————————————————————— 부수 : 一

'하나'나 '첫째', '오로지'라는 뜻을 가진 글자이다. 一(일)은 막대기를 옆으로 눕혀놓은 모습을 그린 것이다.

遇 : 만날 우, 13획 ——————————————————————— 부수 : 辶

辶(쉬엄쉬엄 갈 착)과 禺(원숭이 우)가 합하여 이루어진 모습으로, 찾아가 만나 대접한다는 의미의 '만나다'나 '조우하다'라는 뜻을 가진 글자이다.

천재일우 이렇게 표현하자

"이번 기회는 '천재일우'라 놓칠 수 없다."

청운지지
靑雲之志

푸른[靑] 구름[雲] 의[之] 뜻[志]

청운(靑雲)이란 푸른 구름을 말하는데, 푸른 구름은 잘 볼 수 없는 귀한 구름으로 신선(神仙)이 있는 곳이나 천자(天子)가 될 사람이 있는 곳에는 푸른 구름과 오색(伍色) 구름이 떠 있었다고 한다.

당나라 때의 문인 장구령(張九齡)은 어진 재상(宰相)으로 간신(奸臣) 이임보(李林甫)의 모략으로 인해 벼슬길에서 파직되어 초야에서 여생을 보냈다.

다음은 그가 지은 조경견백발(照鏡見白髮)의 오언절구(伍言絕句)이다.

"옛날 청운(靑雲)의 뜻을 품고 벼슬길에 나아갔는데, (宿昔靑雲志)
다 늙은 지금에 와서 차질(蹉跌)을 빚게 되었네. (蹉跎白髮年)
누가 알리요, 밝은 거울 속의 그림자와 (唯知明鏡裏)
그것을 보고 있는 내가 서로 측은히 여기고 있는 것을 (形影自相憐)"

'청운지지'는 높은 이상과 포부를 가지고 끊임없이 노력하며 꿈을 이루고자 하는 의지를 표현할 때 사용되는 말이다.

靑雲之志 높은 지위에 오르고자 하는 야망

靑 : 푸를 청, 8획 ——————————————————— 부수 : 靑

生(날 생)과 井(우물 정)이 합하여 이루어진 모습으로, 우물과 초목처럼 맑고 푸름을 의미
하여 '푸르다'나 '젊다', '고요하다'라는 뜻을 가진 글자가 되었다.

雲 : 구름 운, 12획 —————————————————— 부수 : 雨

雨(비 우)와 云(이를 운)이 합하여 이루어진 모습이다. 뭉게구름이 피어오른 모습과 날씨
와 관련된 글자임을 뜻하기 위해 雨(우)가 더해지면서 '구름'이나 '습기', '덩어리'라는 뜻
을 가진 글자가 되었다.

之 : 갈 지, 4획 ——————————————————— 부수 : 丿

갑골문자를 보면 발을 뜻하는 止(발 지)가 그려져 있는데 사람의 발을 그린 것으로 '가
다'나 '~의', '~에'와 같은 뜻으로 쓰이는 글자이다.

志 : 뜻 지, 7획 ——————————————————— 부수 : 心

士(선비 사)와 心(마음 심)이 합하여 이루어진 모습으로, 뜻'이나 '마음', '감정'이라는 뜻
을 가진 글자이다.

청운지지 이렇게 표현하자

"그는 '청운지지'의 마음가짐으로 언제나 더 높은 곳을 향해 도전하는 사람이다."

청천벽력

靑天霹靂

맑은[靑] 하늘[天]에 벼락[霹] [靂]

청천벽력은 전혀 예상치 못한 일을 맞닥뜨렸을 때 쓰는 말로 붓의 기세가 힘차게 움직임을 비유하거나 갑자기 일어난 큰 사건이나 이변을 비유하는 말이다.

남송의 시인 육유(陸遊)의 시에서 나온 표현이다. 육유의 자는 무관(務觀)이고 호는 방옹(放翁)이다. 육유는 자신의 뛰어난 필치를 가리켜, 푸른 하늘에 벽력을 날린 듯하다고 했는데 그 시를 보면 다음과 같다.

> 병상에 누워있던 늙은이가 가을이 지나려 하매
> 홀연히 일어나 취한 듯 붓을 놀린다.
> 정말로 오랫동안 웅크린 용과 같이
> 푸른 하늘에서 벽력이 날리는 듯하다.
> 비록 이 글이 좀 괴이하고, 기이하나
> 불쌍히 여겨 보아준다면
> 갑자기 이 늙은이가 죽기라도 하면
> 천금을 주고도 구하지 못하리라.

'청천벽력'은 예상치 못한 순간에 닥치는 충격적인 사건이나 상황을 의미할 때 표현하는 말이다.

靑天霹靂 예상치 못한 사건이나 재앙으로 해를 입는 것을 비유한 말

靑 : 푸를 청, 8획 ─────────────────────── 부수 : 靑

生(날 생)과 井(우물 정)이 합하여 이루어진 모습으로, 우물과 초목처럼 맑고 푸름을 의미하여 '푸르다'나 '젊다', '고요하다'라는 뜻을 가진 글자가 되었다.

天 : 하늘 천, 4획 ─────────────────────── 부수 : 大

大(큰 대)와 一(한 일)이 합해진 모습이다. 갑골문자를 보면 大(대)는 위로 동그란 모양이 그려져 있는데 사람의 머리 위에 하늘이 있다는 뜻을 표현한 것으로 '하늘'이나 '하느님', '천자'라는 뜻을 가진 글자이다.

霹 : 벼락 벽, 21획 ─────────────────────── 부수 : 雨

雨(비 우)와 辟(피할 피)가 합하여 이루어진 모습으로, '벼락', '천둥'의 뜻을 가진 글자이다.

靂 : 벼락 력, 24획 ─────────────────────── 부수 : 雨

雨(비 우)와 歷(지낼 력)이 합하여 이루어진 모습으로, '벼락', '천둥'의 뜻을 가진 글자이다.

청천벽력 이렇게 표현하자

"교통사고로 아들이 죽었다는 '청천벽력' 같은 소식에 유가족들은 넋을 잃었다."

청출어람
靑出於藍
푸른[靑] 색은 쪽빛[藍]에서[於] 나왔다[出]

이 말은 전국시대의 유학자(儒學者)로서 성악설(性惡說)을 주창한 순자(荀子)의 글에 나오는 한 구절이다.

학문은 그쳐서는 안 된다. [학불가이이(學不可以已)]
푸른색은 쪽에서 나왔지만 [청취지어람(靑取之於藍)]
쪽빛보다 더 푸르고, [이청어람(而靑於藍)]
얼음은 물이 이루었지만 [빙수위지(氷水爲之)]
물보다도 더 차다. [이한어수(而寒於水)]

학문이란 끊임없이 계속되는 것이므로 중도에 그쳐서는 안 된다는 뜻이다.

북위(北魏)의 이밀(李謐)은 어려서 공번(孔璠)을 스승으로 삼아 학문을 했다. 그는 열심히 노력한 결과 학문의 발전 속도가 매우 빨랐다. 후에는 스승의 학문을 능가하게 되었다. 공번은 더 이상 가르칠 것이 없다고 생각하고, 도리어 그를 스승으로 삼기를 청했다. 그러자 친구들은 그의 용기를 높이 사고, 또 훌륭한 제자를 두었다는 뜻에서 청출어람(靑出於藍)이라고 칭찬했다고 한다.

'청출어람은 푸른색은 쪽에서 나왔지만 쪽보다 더 푸르다는 뜻으로, 제자가 스승보다 뛰어나다는 것을 비유적으로 표현하는 말이다.

靑出於藍 제자가 스승보다 나음을 뜻하는 말

靑 : 푸를 청, 8획 ──────────────────────────── 부수 : 靑

生(날 생)과 井(우물 정)이 합하여 이루어진 모습으로, 우물과 초목처럼 맑고 푸름을 의미
하여 '푸르다'나 '젊다', '고요하다'라는 뜻을 가진 글자가 되었다.

出 : 날 출, 5획 ──────────────────────────── 부수 : 凵

凵(입 벌릴 감)과 屮(왼손 좌)가 합하여 이루어진 모습이다. 사람의 발이 입구를 벗어나는
모습을 본뜬 모습으로 '나가다'나 '떠나다'라는 뜻을 가진 글자이다.

於 : 어조사 어, 8획 ──────────────────────────── 부수 : 方

方(모 방)과 仒(구결자 어)가 합하여 이루어진 모습으로, '~에'나 '~에서'와 같은 어조사
로 쓰이는 글자이다.

藍 : 쪽 람, 18획 ──────────────────────────── 부수 : 艹

艹(초두머리 초)와 監(볼 감)이 합하여 이루어진 모습으로, '쪽(마디풀과의 한해살이풀)', '남
빛(진한 푸른빛)', '누더기'라는 뜻을 가진 글자이다.

청출어람 이렇게 표현하자

"그는 스승의 지도를 받아 '청출어람'의 경지를 터득했다."

추기급인
推己及人

자신[己]을 미루어[推] 사람[人]에게 미침[及]

춘추시대 제나라 당시에 한때 사흘 밤낮을 쉬지 않고 대설이 쏟아져 내렸다. 제경공은 따뜻한 방안에서 여우 털로 만든 옷을 입고 설경의 아름다움에 깊이 빠져 있었다. 그때 안자가 경공의 곁으로 들어와 창문 밖에 가득 쌓인 눈을 지그시 쳐다보았다. 경공은 안자 역시 함박눈에 흥취를 느낀 것이라고, 생각하며 들뜬 목소리로 말했다.

"올해 날씨는 이상하군. 사흘 동안이나 눈이 내려 땅을 뒤덮었건만, 마치 봄날처럼 조금도 춥지 않군."

안자는 경공의 여우 털옷을 물끄러미 바라보다가 물어보았다.

"경공께서는 날씨가 춥지 않으십니까?"

그 질문 속에는 나무람의 뜻이 담겨있었다. 하지만 경공은 안자의 질문 의미를 되새겨보지도 않고 웃음을 짓기만 했다.

그러자 안자가 안색을 바꾸며 이렇게 말했다.

"옛날의 현명한 군주들은 자기가 배불리 먹으면 누군가가 굶주리지 않을까 생각하고, 자기가 따뜻한 옷을 입으면 누군가가 얼어 죽지 않을까를 걱정했으며, 자기의 몸이 편안하면 누군가가 피로해 하지 않을까를 염려했다고 합니다(推己及人). 그런데 경공께서는 다른 사람을 조금도 생각하지 않는군요."

경공은 안자의 말을 듣고 자신의 잘못을 깨달았으며, 백성들을 위해 따뜻한 옷과 음식을 나눠주었다고 한다.

250

推己及人 자신의 처지를 헤아려 다른 사람의 형편을 헤아림

推 : 밀 추, 밀 퇴, 11획 ──────────────── 부수 : 扌

手(손 수)와 隹(새 추)가 합하여 이루어진 모습으로, '밀다'라는 뜻을 가진 글자이다. 새(隹)는 앞으로만 날 수 있는 동물이며 推(추)는 앞으로만 나는 새의 특성과 手(손 수)가 합하여 '밀다'라는 뜻을 표현했다.

己 : 몸 기, 3획 ──────────────── 부수 : 己

'몸'이나 '자기'라는 뜻을 가진 글자로 여기서 말하는 '몸'이란 '나 자신'을 뜻한다.

及 : 미칠 급, 4획 ──────────────── 부수 : 又

갑골문을 보면 人(사람 인)과 又(또 우)가 그려져 있는데, 마치 누군가를 붙잡으려는 듯한 모습이다. 이것은 누군가에게 다다르고 있다는 뜻을 표현한 것으로, '미치다', '이르다'라는 뜻을 가진 글자가 되었다.

人 : 사람 인, 2획 ──────────────── 부수 : 人

팔을 지긋이 내리고 있는 사람을 본뜬 것으로 '사람'이나 '인간'이라는 뜻을 가진 글자이다. 人(인)이 부수로 쓰일 때는 주로 사람의 행동이나 신체의 모습, 성품과 관련된 의미를 전달하게 된다.

추기급인 이렇게 표현하자

"우리는 모두 '추기급인'의 마음을 가지고 살아야 합니다."

타산지석
他山之石
다른[他] 산[山]의[之] 돌[石]

　　타산지석은 다른 산의 돌이라도 자기의 옥을 다듬는 데 쓰임이라는 뜻으로, 남의 하찮은 말이라도 자신의 지식과 인격을 수양하는 데 도움이 됨을 비유해 쓰이는 말이다.

　　시경(時經) 소아(小雅) 편의 학명(鶴鳴)에 다음과 같은 내용이 있다. 여기에서는 돌을 소인(小人)으로 옥을 군자로 대체하여 설명한다.

　　먼 못가에 두루미 우니 그 소리 하늘 높이 퍼지고

　　기슭에 노니는 고기 때로 연못 깊이 숨네.

　　즐겁구나, 저 동산에는 박달나무 솟아 있어도

　　그 밑에 닥나무만 자라고 다른 산의 돌이라도(他山之石)

　　숫돌 삼아 구슬을 갈거늘(可以攻玉)

　　위의 시에는 옥을 다듬어 기물을 만드는 것처럼, 군자는 끊임없이 노력하여 스스로를 옥처럼 훌륭한 사람으로 만들어야 한다는 내용이 담겨 있다. 또한 옥을 다듬지 않고 갈지 않으면 어떻게 옥이 될 수 있겠느냐고 반문하며, 스스로 노력하지 않고서는 성장할 수 없다는 교훈을 주고 있다.

他山之石　다른 사람의 하찮은 언행이라도 자기의 덕을 닦는 데 도움이 됨

他 : 다를 타, 5획 ──────────────────── 부수 : 亻

人(사람 인)과 也(어조사 야)가 합하여 이루어진 모습으로, 사람과 뱀이 서로 다르다는 것에서 '다르다'나 '다른'이라는 뜻을 가진 글자가 되었다.

山 : 메 산, 3획 ──────────────────── 부수 : 山

'뫼'나 '산', '무덤'이라는 뜻을 가진 글자로, 山(뫼 산)은 육지에 우뚝 솟은 3개의 봉우리를 그린 것으로 '산'을 형상화한 상형문자이다.

之 : 갈 지, 4획 ──────────────────── 부수 : 丿

갑골문자를 보면 발을 뜻하는 止(발 지)가 그려져 있는데 사람의 발을 그린 것으로 '가다'나 '~의', '~에'와 같은 뜻으로 쓰이는 글자이다.

石 : 돌 석, 5획 ──────────────────── 부수 : 石

벼랑 끝에 매달려 있는 돌덩이를 본뜬 모습으로, '돌'이라는 뜻을 가진 글자이다. 石(돌 석)이 부수로 쓰일 때는 주로 '돌의 종류'나 '돌의 상태',와 관련된 의미를 전달한다.

타산지석 이렇게 표현하자

"그 회사의 실패 원인을 '타산지석'으로 삼아 우리의 프로젝트를 성공적으로 만들자."

타초경사
打草驚蛇

~~~~~~~~~~

풀[草]을 쳐서[打] 뱀[蛇]을 놀라게[驚] 한다

『수호전』에 나오는 얘기다. 양산박에 웅거한 송강의 무리가 동평부를 공격할 때, 구문룡 사신이 계책을 내놓았다.

성안에 있는 이서란(李瑞蘭)이라는 기생을 거점으로 삼아서 움직이자는 것이었다. 송강의 승낙을 받은 일행들이 찾아가 계획대로 일을 진행하는데 어느 날 이서란은 뚜쟁이 할머니와 잡담하다가 그런 말을 해버렸다. 할멈은 몹시 화를 냈다.

"이거 말이야. 벌이 몸 안에 들어오면 옷을 벗고 쫓아내는 것이야. 그런데 나라에서 방을 내건 중죄인을 서둘러 관가에서 고발해야 하는 데 왜 끼고, 도느냐 그 말이야."

"그렇지만 돈을 받았는데요."

"뭐야? 우린 사람을 속여 밥을 먹고 있잖아. 그런데 무슨 의리란 말이냐."

"그럼, 어떻게 하시겠어요?"

"이렇게 해라. 서란으로 하여, 술을 가지고 들어가 만취시켜 도망을 못 가도록 해야지. 풀밭을 두드리면 뱀을 놀라게 하거든."

사진은 대수롭지 않게 여겼으나 관원에게 잡히는 신세가 되었다.

'타초경사'는 풀을 쳐서 뱀을 놀라게 한다는 뜻으로, 일을 서두르거나 조심스럽지 않게 행동하다 오히려 문제를 일으키는 경우를 비유적으로 표현하는 말이다.

打草驚蛇 의도하지 않은 행동이 뜻밖의 결과를 낳을 수 있음

打 : 칠 타, 5획 ──────────── 부수 : 扌
手(손 수)와 丁(못 정)이 합하여 이루어진 모습이며, '치다'나 '때리다'라는 뜻을 가진 글자이다.

草 : 풀 초, 9획 ──────────── 부수 : 艹
艹(풀 초)와 早(일찍 조)가 합하여 이루어진 모습으로, '풀'을 뜻하며, '엉성하다'나 '보잘 것없다'라는 뜻으로도 파생되어 있다.

驚 : 놀랄 경, 22획 ──────────── 부수 : 馬
敬(공경할 경)과 馬(말 마)가 합하여 이루어진 모습으로, '놀라다'나 '두려워하다'라는 뜻을 가진 글자이다.

蛇 : 뱀 사, 11획 ──────────── 부수 : 虫
虫(벌레 충)과 它(다를 타)가 합하여 이루어진 모습으로, '뱀'이라는 뜻을 가진 글자이다.

타초경사 이렇게 표현하자

"우리는 '타초경사'를 피하고 신중하게 행동해야 합니다."

토사구팽
兔死拘烹

토끼[兔]가 죽으면[死] 개[拘]를 삶아[烹] 먹음

진나라 말기는 천하가 혼란스러웠다. 진승과 오광이 봉기하여 난을 일으킨 이래 곳곳에서 의병들이 일어났다. 이 당시 권세 있는 호족들을 위하여 목숨을 내놓는 식객들이 있었는데 세상에서는 이들을 '유협(遊俠)의 무리'라고 하였다.

하층 계통의 유협의 무리를 이끌던 유방은 초한 전쟁에서 승리하여 황제의 자리에 올랐다. 자신을 도와서 공을 세운 장수들은 모두 왕과 후(候)에 봉하였다. 그러다 보니 가장 큰 문제는 영토가 분리되어 다시 전국시대로 돌아간 듯한 느낌이었다.

유방은 봉건제와 군현제의 장점을 모은 군국제(軍國制)를 실시하기에 이르렀다. 이렇듯 쪼개진 나라 중에 초나라가 있었다. 이곳의 왕은 한신이었다. 한신이 모반한다는 보고를 받고 유방은 진평으로 하여 유인책을 쓰게 하여 체포해 버렸다. 이때 한신은 낙양으로 향하는 수레 안에서 하늘을 우러러 탄식하였다.

"역시 세상 사람들이 하는 말이 옳았다. 날쌘 토끼가 없어지면 사냥개가 잡아먹히고(兔死狗烹), 높이 나는 새가 없으니 활이 버림을 받는다. 토벌할 적국이 없으니 내가 죽는구나."

이 고사에서 토사구팽(兔死狗烹)이 유래되었다.

兔死拘烹 이익이 없어지면 쓸모없게 버려지는 것을 비유한 말

兔 : 토끼 토, 7획 ──────────────────────── 부수 : 儿
본래 긴 귀와 짧은 꼬리를 가진 토끼가 쭈그리고 앉아 있는 모양을 본뜬 것이었으나, 지금의 자형(字形)으로 변했다.

死 : 죽을 사, 6획 ──────────────────────── 부수 : 歹
歹(뼈 알)과 匕(비수 비)가 합하여 이루어진 모습이다. 뼈(歹)만 앙상하게 남아 있는 모습과 匕(비수 비)는 손을 모으고 있는 사람을 그린 것으로, 누군가의 죽음을 애도 한다는 뜻으로, '죽음', '죽다'라는 뜻을 가지게 되었다.

拘 : 개 구, 8획 ──────────────────────── 부수 : 犭
犬(개 견)과 句(글귀 구)가 합하여 이루어진 모습으로, '개'나 '강아지'라는 뜻을 가진 글자이다.

烹 : 삶을 팽, 11획 ──────────────────────── 부수 : 灬
亨(형통할 형)과 灬(불 화)가 합하여 이루어진 모습으로, 솥에 불을 가하여 '삶다', '(삶아서)죽이다'의 뜻을 가진 글자이다.

토사구팽 이렇게 표현하자

"젊은 나이에 입사해서 어려운 시기를 함께 동고동락했는데 회사에서 '토사구팽'을 당하니 현실이 참담하다."

파죽지세
破竹之勢

대나무[竹]를 쪼개[破]는 듯한[之] 기세[勢]

위나라와 진나라가 대치하고 있을 때 진의 명장 두예(杜豫)는 태강 원년 2월에 왕준(王濬)의 군사와 합류하여 무창(武昌)을 함락시키고 최종 목적지인 건업(建業)을 앞에 두고 여러 장수와 작전회의를 하였다. 이때 한 장수가 말했다.

"봄이 다 갔습니다. 곧 우기가 되어 비가 내리면 강물이 불어나 군마를 움직이기 힘든 지형이니 일단 군사를 물러나게 하였다가 겨울에 오는 것이 좋을 것 같습니다."

두예는 고개를 가로저으며 말했다.

"아니오, 우리는 대세의 흐름을 타고 있소. 이것은 대나무를 쪼갤 때와 같이 한 매듭 두 매듭 내려가면 나중에는 칼만 대면 자연스럽게 쪼개져 힘을 들일 필요가 없는 것이오. 지금 우리 군의 기세가 그러하니, 우리가 이때를 놓치면 오히려 후회하게 될 것이오."

이리하여 두예는 곧장 오나라 수도를 향해 진군할 것을 명령했다. 진나라 군대가 이르는 곳마다 오나라 군대는 항복하여 진의 통일이 완성되었다.

무슨 일을 하는 데 있어서 미적미적대는 것보다 파죽지세의 기세로 끝까지 밀고 나가는 자세가 필요하지 않을까 한다.

'파죽지세'는 대나무를 쪼개는 듯한 기세라는 뜻으로, 세력이 강대해 상대를 거침없이 물리치는 형세를 표현하는 말이다.

破竹之勢 세력이 강하여 적을 거침없이 물리치고 쳐들어가는 기세

破 : 깨뜨릴 파, 10획 ──────────────── 부수 : 石

石(돌 석)과 皮(가죽 피)가 합하여 이루어진 모습으로, 돌을 부수는 의미에서 '깨트리다'나 '파괴하다'라는 뜻을 가진 글자이다.

竹 : 대나무 죽, 6획 ──────────────── 부수 : 竹

个(망치 마)와 个(망치 마)가 합하여 이루어진 모습으로, '대나무'나 '죽간'이라는 뜻을 가진 글자이다. 竹(죽)은 두 개의 대나무 줄기와 잎사귀가 늘어져 있는 모습을 그린 것이다.

之 : 갈 지, 4획 ──────────────── 부수 : 丿

갑골문자를 보면 발을 뜻하는 止(발 지)가 그려져 있는데 사람의 발을 그린 것으로 '가다'나 '~의', '~에'와 같은 뜻으로 쓰이는 글자이다.

勢 : 기세 세, 13획 ──────────────── 부수 : 力

執(심을 예)와 力(힘 력)과 합하여 이루어진 모습으로 '형세'나 '권세', '기세'라는 뜻을 가진 글자이다.

파죽지세 이렇게 표현하자

"이번 시즌에는 팀이 '파죽지세'로 승리를 거두며 리그 정상을 차지했다."

풍수지탄
風樹之嘆

바람[風]이 부는 나무[樹]의[之] 탄식[嘆]

어느 날 공자가 길을 가다 슬프게 울고 있는 고어(皐魚)라는 사람을 만났다. 공자는 슬픔에 빠져있는 이유를 물었다.

그러자 그는 "저는 잘못한 것이 셋입니다. 첫째는 젊어서 공부에 힘쓰고 친구들과 사귀느라 집에 와 보니 부모님이 세상을 떠나신 것이요, 둘째는 섬기던 군주가 사치를 좋아하고 충언을 듣지 않아 그에게서 도망쳐 온 것이요, 셋째는 부득이한 사정으로 친구와 사귐을 끊은 것입니다. 나무는 고요하고자 하나 바람이 그치질 않고 자식이 효도하고자 하나 부모님께서는 기다려주지 않습니다. 한번가고 나면 돌아오지 않는 것이 세월이고 돌아가시면 다시 볼 수 없는 분이 부모님이십니다. 이제 다시는 부모님을 뵙지 못하기에 저는 이대로 서서 말라 죽으려 합니다."라고 말했다.

공자는 제자들에게 이 이야기를 전하면서 이 말을 기억하고 경계하여 부모님께 효도하라 하니, 이에 제자 열셋은 부모를 봉양하기로 다짐하고 고향으로 돌아갔다고 한다.

'풍수지탄'은 바람에 나부끼는 나무의 탄식을 뜻하는 말로 이는 부모님이 돌아가시어 효도하고 싶어도 할 수 없는 슬픔을 뜻하며, 부모가 살아계실 때 효도를 다하라는 뜻으로 쓰이는 말이다.

風樹之嘆 효도하고 싶어도 할 수 없는 자식의 탄식

風 : 바람 풍, 9획 ──────────────── 부수 : 風

几(새 나는 모양 수)와 虫(벌레 충)이 합하여 이루어진 모습으로, 봉황의 깃털로 바람 의미를 표현한 것으로 보거나, 凡(범)이 '널리 퍼지다'는 의미가 있어 '바람'의 뜻으로 쓰이는 글자이다.

樹 : 나무 수, 16획 ──────────────── 부수 : 木

木(나무 목)과 尌(세울 주)가 합하여 이루어진 모습으로, 손으로 묘목을 심는 모습을 그린 것을 의미하여 '나무'나 '심다', '세우다'라는 뜻을 가진 글자가 되었다.

之 : 갈 지, 4획 ──────────────── 부수 : 丿

갑골문자를 보면 발을 뜻하는 止(발 지)가 그려져 있는데 사람의 발을 그린 것으로 '가다'나 '~의', '~에'와 같은 뜻으로 쓰이는 글자이다.

嘆 : 탄식할 탄, 15획 ──────────────── 부수 : 欠

口(입 구)와 廿(스물 입), 口(입 구), 夫(지아비 부)가 합하여 이루어진 모습으로, '탄식하다', '한숨쉬다'라는 뜻을 가진 글자이다.

풍수지탄 이렇게 표현하자

"그의 가슴에는 돌아가신 아버지에 대한 '풍수지탄'의 그리움이 남아 있다."

한단지몽
邯鄲之夢

한단[邯] [鄲]에서[之] 꾸었던 꿈[夢]

당나라 현종 때에 여옹(呂翁)이라는 도사가 한단에 있는 어느 주막집에서 쉬고 있었다. 그때 초라한 옷을 입은 노생(盧生)이라는 젊은이가 방에 들어가 자신의 비색한 신세를 한탄하였다.

"나는 무엇을 해도 재수가 없어요. 자본이 없어, 장사를 할 수가 없고 어렵사리 일을 추진해도 실패만 거듭하니 세상을 살아갈 재미가 없어요."

자신의 잡다한 주변 얘기를 늘어놓더니 여옹이 빌려준 베개를 베고 잠이 들었다. 베개는 양쪽이 뚫려 있었는데 노생이 잠을 자는 동안 점점 커졌다. 노생은 그 구멍 속으로, 들어가 당대의 명문인 청하(青河)의 최 씨 딸과 혼인하고 진사 시험에 합격하여 관리가 되었다.

관운도 좋아 승진하였으나 어떤 재상의 모함을 받아 단주자사로 좌천되는 일도 있었다. 십년이 흘러가는 동안 천자를 잘 보필하였으나 누명을 쓰는 일도 있었다. 그 후 다시 벼슬이 회복되어 높은 관직에 앉았으며 슬하에는 손이 많아 다복했다. 세월이 흘러 몸이 쇠약해졌다. 바람처럼 50년이 흘러 이제 명이 다한 것이다. 노생이 문득 눈을 떠보니 자신은 여전히 그 주막집에 누워있었다.

'한단지몽'은 꿈속에서 영광과 부귀를 누렸다가 현실로 돌아와 허무함을 느끼는 상태를 비유할 때 쓰이는 말이다.

邯鄲之夢 인생의 부귀영화는 일장춘몽과 같이 허무함을 뜻함

邯 : 조나라 서울 한, 8획 ──────────────── 부수 : 阝

甘(달 감)과 阝(우부방 읍)이 합하여 이루어진 모습으로, '땅 이름', '나라'를 뜻하는 글자이다.

鄲 : 조나라 서울 단, 15획 ──────────── 부수 : 阝

單(홑 단)과 阝(우부방 읍)이 합하여 이루어진 모습으로, '조나라', '한단(조나라의 수도)'를 뜻하는 글자이다.

之 : 갈 지, 4획 ──────────────────── 부수 : 丿

갑골문자를 보면 발을 뜻하는 止(발 지)가 그려져 있는데 사람의 발을 그린 것으로 '가다'나 '~의', '~에'와 같은 뜻으로 쓰이는 글자이다.

夢 : 꿈 몽, 13획 ──────────────────── 부수 : 夕

艹(풀 초)와 目(눈 목), 冖(덮을 멱), 夕(저녁 석)이 합하여 이루어진 모습으로, '꿈'이나 '공상', '흐리멍덩하다'라는 뜻을 가진 글자이다. 밤에 누워서 잠을 자다가 꿈을 꾸고 놀라 눈이 번쩍 떠진 모양에서 '꿈'의 의미가 생성되었다.

한단지몽 이렇게 표현하자

"너의 성공이 '한단지몽'이 아니라는 것을 증명하려면 행동으로 보여줘야 해."

함흥차사
咸興差使

함흥[咸] [興]으로 사신[使]을 보내다[差]

조선의 건국조인 태조 이성계는 뛰어난 다섯째 아들인 이방원 덕분에 혁명에 성공하여 왕위에 오르지만, 후에는 두 차례에 걸친 왕자의 난으로 사랑하는 아들들을 잃기도 하였다.

이에 조정 생활에 회의를 품은 태조는 왕위를 넘겨준 후 함흥으로 들어가 은둔 생활을 한다. 형식적으로 형 정종에게 왕위를 넘겨주었다가 불과 2년 만에 조선 3대 왕에 오른 태종 이방원은 아버지 태조에게 사과를 하기 위해 사신을 보낸다.

그러나 태종에 대한 원망과 분이 풀리지 않은 이성계는 태종이 보낸 사신을 죽이기도 하고 잡아 가두기도 하면서 돌려보내지 않는다.

'함흥차사'는 태종 이방원이 태조의 환궁을 권유하려고 함흥으로 보낸 차사를 일컫는 말이며 한 번 간 차사는 절대 돌아오지 않았으니 한 번 가면 깜깜무소식이라는 뜻에서 함흥차사라는 말이 생겼다고 한다.

咸興差使 한번 가서 다시 돌아오지 않으며 소식마저 없음

咸 : 다 함, 덜 감, 9획 ──────────────── 부수 : 口

戌(개 술)과 口(입 구)가 합하여 이루어진 모습이다. 창을 들고 다 같이 함성을 외치는 모습을 표현한 것으로, 다하다', '모두', '남김없이'라는 뜻을 가진 글자이다.

興 : 일 흥, 흥취 흥, 16획 ──────────────── 부수 : 臼

舁(마주들 여)와 同(한 가지 동)이 합하여 이루어진 모습으로, 힘을 합하여 함께 일으킨다는 의미에서 '일으키다'나 '창성하다'라는 뜻을 가지게 되었다.

差 : 어긋날 차, 10획 ──────────────── 부수 : 工

麥(보리 맥)과 左(왼 좌)가 합하여 이루어진 모습이다. 왼손이 아래로 드리워져 있어 오른손과 맞지 않아 '어긋나다'는 의미로 생성되어 '다르다', '어긋나다', '차별''이라는 뜻을 가진 글자가 되었다.

使 : 부릴 사, 사신 사, 8획 ──────────────── 부수 : 亻

亻(사람인변 인)과 吏(벼슬아치 리(이))가 합하여 이루어진 모습으로, '가령', '시키다', '부리다', '쓰다'라는 뜻을 가진 글자이다.

함흥차사 이렇게 표현하자

"민원을 넣었는데도 불구하고 조사하는 시늉조차 없더니 결국 '함흥차사'가 되었다."

형설지공

螢雪之功

반딧불[螢]과 눈[雪] 빛으로[之] 이룬 공[功]

'형설'은 반딧불과 눈이다. 환경이 어렵다 보니 여름에는 반딧불로 겨울에는 눈빛으로 공부하였다는 뜻이다.

진(晉)나라 때 차윤(車胤)이라는 사람이 있었다. 워낙 집이 가난하여 밤이 되면 등불을 켜지 못할 정도였다. 여러 날을 고심하다 묘안을 생각해 냈다. 그것은 연랑이라 불리는 하얀 명주 자루에 반딧불을 잡아넣어 그 빛으로 공부를 한다는 것이었다. 과연 차윤은 그렇게 공부한 보람이 있어 마침내 상서랑(尙書郎)이라는 벼슬자리에 나아갈 수 있었다. 이 자리는 천자의 칙서를 취급하는 자리였다.

같은 무렵에 손강(孫康)이라는 위인이 있었다. 그 역시 집안이 몹시 가난했다. 밤이 되면 불을 켤 기름이 없어 달빛으로 공부하였다. 추운 겨울에는 빛을 훤히 뿜어내는 눈빛으로 글을 읽었다. 그는 어릴 때부터 심성이 고왔다. 그릇된 친구와는 사귀지를 아니했으며 스스로 마음의 문을 굳게 잠근 채 옳은 일이 아니면 나아가지를 아니하였다. 그 역시 눈빛으로 공부를 한 보람이 있어 치안을 담당하는 어사대부(御史大夫)의 자리에 올랐다.

'형설지공'은 반딧불과 눈빛으로 공부하여 이룬 공이라는 뜻으로, 어려운 환경 속에서도 꾸준히 노력하여 성공을 거둔 사람을 칭찬하는 표현으로 쓰이는 말이다.

螢雪之功 고생 속에서도 꾸준히 공부하여 얻은 보람

螢 : 반딧불 형, 16획 ──────────────────── 부수 : 虫

虫(벌레 훼)와 熒(등불 형)이 합하여 이루어진 모습으로, 밝게 빛을 내는 곤충인 반딧불이 (개똥벌레)를 의미하여 '반딧불이'나 '개똥벌레'라는 뜻을 가지게 되었다.

雪 : 눈 설, 11획 ──────────────────── 부수 : 雨

雨(비 우)와 彗(비 혜)가 합하여 이루어진 모습이다. 손에 빗자루를 쥐고 있는 모습을 그린 것이었으나, 후에 하늘에서 내리는 눈을 의미하여 '눈'이나 '흰색', '고결하다'라는 뜻을 가진 글자로 쓰이게 되었다.

之 : 갈 지, 4획 ──────────────────── 부수 : 丿

갑골문자를 보면 발을 뜻하는 止(발 지)가 그려져 있는데 사람의 발을 그린 것으로 '가다'나 '~의', '~에'와 같은 뜻으로 쓰이는 글자이다.

功 : 공 공, 5획 ──────────────────── 부수 : 力

工(장인 공)과 力(힘 력)이 합하여 이루어진 모습으로, 힘써 일한 결과가 나타난 것으로 '공적'을 의미하여 '공로'나 '업적', '사업'이라는 뜻을 가진 글자가 되었다.

형설지공 이렇게 표현하자

"선생님은 학생들에게 '형설지공'과 같은 마음만 있다면 반은 성공한 거라고 말씀하셨다."

호가호위

狐假虎威

여우[狐]가 호랑이[虎]의 위세[威]를 빌리다[假]

위나라 출신인 강을(江乙)이라는 변사가 초나라 선왕(宣王)밑에서 벼슬을 하게 되었다. 하루는 선왕이 신하들에게 물었다.

"초나라 북쪽에 있는 모든 나라들이 우리나라 소해휼(昭奚恤)을 두려워하고 있다는데 그것이 사실인가?"

당시 명재상으로 명망이 높았던 소해휼은 강을에겐 눈엣가시와 같은 존재였다. 그래서 이때다 하고 강을이 대답했다.

"호랑이가 한번은 여우를 붙잡았는데 여우가 말했습니다. '그대는 나를 잡아먹어서는 안 된다. 옥황상제께서 나를 백수의 왕으로 만들었다. 믿지 못하겠거든 내 뒤를 따라와 보라.' 그래서 여우를 앞세우고 호랑이가 뒤따라 가보니 모든 짐승이 도망쳤습니다. 호랑이는 여우가 무서워 다른 동물들이 달아나는 줄로 알았지만, 사실은 여우 뒤에 있는 호랑이가 무서워 도망쳤던 것입니다. 만사는 비슷합니다. 북쪽 나라들이 소해휼을 왜 무서워하겠습니까? 북쪽 나라가 무서워하는 것은 대왕의 무장한 군대입니다. 마치 모든 짐승이 여우 뒤에 있는 호랑이를 무서워하듯 말입니다."

'호가호위'는 강을이 초나라 선왕에게 들려준 여우의 우화에서 유래한 것으로, 남의 권세를 빌려 위세 부리는 행위를 표현할 때 사용되는 말이다.

狐假虎威 남의 권세를 빌려 허세를 부리다

狐 : 여우 호, 8획 ──────────────────────────── 부수 : 犭

犭(개사슴록변 견)과 瓜(오이 과)가 합하여 이루어진 모습이며, '여우'의 뜻을 가진 글자이
다.

假 : 빌 가, 거짓 가, 11획 ──────────────────────── 부수 : 亻

人(사람 인)과 叚(빌 가)가 합하여 이루어진 모습이며, '거짓'이나 '가짜'라는 뜻을 가진
글자이다.

虎 : 범 호, 8획 ──────────────────────────── 부수 : 虍

虍(호피 무늬 호)와 儿(어진 사람 인)이 합하여 이루어진 모습이다. 호랑이의 모양을 본뜬
것으로, ' 호랑이'나 '용맹스럽다'라는 뜻을 가진 글자이다.

威 : 위엄 위, 9획 ─────────────────────────── 부수 : 女

女(여자 여)와 戌(개 술)이 합하여 이루어진 모습으로, 창(戌)으로 여자를 위협하는 모양
에서'위엄'이나 '권위', '두려움'이라는 뜻을 가진 글자이다.

호가호위 이렇게 표현하자

"정치인들은 유권자들에게 '호가호위'를 하고 있다."

호연지기
浩然之氣

널리[浩] 천지간[然]에[之] 가득한 기운[氣]

맹자가 제선왕을 찾아가 연봉 10만 석을 받는 객경(客卿)이라는 자리에 있을 때였다. 제선왕은 공손축의 스승인 맹자에게 천하를 경륜할 방도를 물어 왔다.

"선생께서는 제나라의 정치를 맡으시면 관중(管仲)이나 안자(晏子)와 같은 공을 세울 수 있겠습니까?"

관중은 춘추오패인 제환공을 도와 패업을 이룩한 사람이고 안자는 관중보다는 1백여 년쯤 나중의 인물이다. 맹자는 말했다.

"관중과 안자는 힘과 지략으로 나라를 다스렸습니다. 나에게 정치를 맡기신다면 나는 왕도로써 다스릴 것입니다."

"그렇게 된다면 제나라는 패자가 될 것입니다. 그렇다면 선생의 마음에도 동요가 일어나지 않을까요?"

"나는 그 옛날 맹분(孟賁)이라는 장사가 거칠게 싸움질하는 두 마리의 황소를 떼어놓았다고 들었습니다. 그것은 마음에 동요가 일어났다고 봐야겠지요. 나는 호연지기를 기르고 있으니 그런 걱정은 마십시오. 호연지기는 한마디로 설명이 어렵습니다만 그 기운이 극히 강하여 하늘과 땅 사이에 의(義)와 도(道)를 기릅니다."

'호연지기'는 도덕적 용기나 정의로운 정신을 비유적으로 표현하는 말로, 선한 일을 위해 흔들리지 않는 강한 의지와 바른 행동을 의미한다.

浩然之氣 사람의 마음에 차 있는 바르고 큰 기운

浩 : 넓을 호, 10획 ——————————————— 부수 : 氵

水(물 수)와 告(알릴 고)가 합하여 이루어진 모습으로, 큰 강이나 호수의 크기를 의미하여 '넓다', '광대하다'라는 뜻을 가진 글자가 되었다.

然 : 그럴 연, 12획 ——————————————— 부수 : 灬

犬(개 견)과 肉(고기 육),, 火(불 화)가 결합한 모습이며, 개고기는 불에 구워 먹어야 당연하다는 의미에서 '그러하다'나 '틀림이 없다'라는 뜻을 가진 글자가 되었다.

之 : 갈 지, 4획 ——————————————— 부수 : 丿

갑골문자를 보면 발을 뜻하는 止(발 지)가 그려져 있는데 사람의 발을 그린 것으로 '가다'나 '~의', '~에'와 같은 뜻으로 쓰이는 글자이다.

氣 : 기운 기, 10획 ——————————————— 부수 : 气

气(기운 기)와 米(쌀 미)가 합하여 이루어진 모습이다. 자연에 존재하는 기의 흐름을 세 개의 가로선으로 표현하여 '기운'이나 '기세', '날씨'라는 뜻으로 쓰이는 글자가 되었다.

호연지기 이렇게 표현하자

"인생에 많은 시련을 겪은 후에도 '호연지기'를 잃지 않은 사람이 되어야 한다."

화룡점정
畫龍點睛

용[龍]을 그리고[畫] 눈동자[睛]를 찍다[點]

남북조 시대에 중국의 양나라에 장승요(張僧繇)라는 이가 있었다. 그는 우군 장군과 오흥 태수를 지낸 인물로 관직에 나아가 성공한 인물이지만, 일반적으로는 화가로 알려져 있다. 그는 자신이 지닌 붓으로 무엇이든 생동감 있게 그려내었다.

언젠가 강변에 있는 정자나무에 울창한 숲을 그렸는데 많은 새들이 날아와 벽에 부딪혀 죽었다. 나무숲인 줄 알고 날아다니다가 벽에 부딪혀 죽은 것이다. 그만큼 그의 그림에는 신력(神力)이 깃들어 있었다.

어느 때인가 금릉에 있는 안락사라는 절의 벽에 두 마리의 용을 그리게 되었다. 두 마리의 용은 눈꺼풀은 있는데 눈동자가 없었다.

"내가 용의 눈동자를 그리면 용은 벽을 뚫고 승천할 것이네."

사람들은 믿지 않았다. "어떻게 벽에 그린 용이 하늘로 날아오를 수 있느냐?"였다.

주위에서 조롱 섞인 빈정거림이 일어나자 장승요는 두 마리중 하나에만 눈동자를 그렸다. 바로 그 순간, 천지를 가르는 뇌성벽력이 일어나고 비늘을 번쩍이는 괴룡 한 마리가 하늘을 향해 날아갔다. 한참 후에 정신을 차린 사람들이 벽을 바라보았다. 그곳에는 눈동자가 없는 용한 마리가 남아 있었다.

畫龍點睛 가장 중요한 부분을 마무리함으로써 일을 완성하다

畫 : 그림 화, 12획 ──────────────────────── 부수 : 田

聿(붓 율)과 田(밭 전)이 합하여 이루어진 모습이다. 붓으로 그림을 그리고 있는 모습을 표현한 것으로, '그림'이나 '그리다', '긋다'라는 뜻을 가진 글자이다. 후에 '분할하다'나 '계획하다'라는 뜻이 파생되었다.

龍 : 용 룡, 16획 ──────────────────────── 부수 : 龍

용'이나 '임금'이라는 뜻을 가진 글자이다. 용은 소의 머리와 뱀의 몸통, 독수리 발톱과 같이 다양한 동물들의 신체를 조합해 만든 상상의 동물이다. 효(설 립)과 月(달 월)은 단순히 용의 모습을 한자화한 것일 뿐 글자가 가진 의미와는 아무 관계가 없다.

點 : 점 점, 17획 ──────────────────────── 부수 : 黑

黑(검을 흑)과 占(점치다 점)이 합하여 이루어진 모습이며, '점'이나 '얼룩', '불붙이다'라는 뜻을 가진 글자이다.

睛 : 눈동자 정, 13획 ─────────────────────── 부수 : 目

目(눈 목)과 靑(푸를 청)이 합하여 이루어진 모습이며, '눈동자', '안구'라는 뜻을 가진 글자이다.

화룡점정 이렇게 표현하자

"이 영화의 끝은 정말 '화룡점정'이라고 할 만한 반전의 결말이었다."

273

후생가외
後生可畏

후배들을[後] [生] 두려워할[畏] 만하다[可]

『논어(論語)』에 있는 공자의 말이다.

"젊은이들은 두렵다. 이제부터 나오는 사람들이 어찌 못하다고 생각할 수 있는가. 그러나 마흔이나 쉰이 되었는데도 이렇다 할 이름이 알려졌지, 않다면 두려워서 할 것이 못 된다."

공자가 두려워한 사람은 누구인가? 바로 나중에 태어난 사람이었다.

역주(譯註)에 의하면, 그런 인물이 바로 안연(顔淵)이었다고 하지만, 반드시 해석할 필요로 하는 것은 아니다.

그렇다면 공자는 언제 이 말을 했는가? 아무래도 만년이다. 그가 노나라에서 왔을 때 그의 주위에는 자유를 비롯하여 자장, 자하, 증자였다. 당시 그들은 20대였다. 공자가 뒤에 태어난 사람을 두려워하라고 한 것은 이들이 계속 학업에 정진하여 마흔이나 쉰이 되었을 경우를 의미하는 말이었다.

공자는 안연이 죽었을 때 극도로 아파하며 통곡하였다. 한 제자가 위로의 말을 전하며, 상심 하지 말라고 했을 때, 공자는 울음을 그치고 망연한 눈길로 하늘을 올려보고 중얼거렸다.

"내가 이 사람을 위해 통곡하지 않는다면 누굴 위해 운단 말이냐."

'후생가외'란 뒤에 난 사람은 두려워할 만하다는 뜻으로, 부지런히 갈고닦은 후배는 선배를 능가할 수 있음을 이르는 말이다.

後生可畏 후배들은 나중에 큰일을 할 수 있으니 두려워할 만하다

後 : 뒤 후, 9획 ──────────── 부수 : 彳

彳(조금 걸을 척)과 幺(작을 요), 夊(뒤져서 올 치)가 합하여 이루어진 모습이다. 족쇄를 찬 노예가 길을 가는 모습을 그린 것으로, '뒤', '뒤떨어지다', '뒤치다'라는 뜻을 가진 글자이다.

生 : 날 생, 5획 ──────────── 부수 : 生

갑골문을 보면 땅 위로 새싹이 돋아나는 모습을 본뜬 것으로, '나다'나 '낳다', '살다'라는 뜻을 가진 글자이다.

可 : 옳을 가, 5획 ──────────── 부수 : 口

곡괭이와 口(입 구)가 결합한 모습이다. 可(가)는 본래 농사 일을 하며 흥얼거린다는 뜻으로 쓰였던 글자였으며, 후에 '옳다'나 '허락하다'라는 뜻으로 쓰이게 되었다.

畏 : 두려워할 외, 9획 ──────────── 부수 : 田

田(밭 전)과 疋(필 소), 人(사람 인)이 합하여 이루어진 모습이다. 신과 소통을 대변하던 제사장은 사람들에게 경외와 공포의 대상으로, '두려워하다'나 '경외하다', '꺼리다'라는 뜻을 가지게 되었다.

후생가외 이렇게 표현하자

"기업은 '후생가외'의 시대를 대비하여 새로운 인재들을 육성해야 한다."

후안무치

厚顔無恥

낯가죽[顔]이 두꺼워[厚] 부끄러움[恥]이 없다[無]

부끄러움이 실종된 인간을 뜻하는 사자성어이다. 여기서 후안(厚顔)이란 두꺼운 낯가죽을 뜻하는데, 여기에 무치(無恥)를 더해 후안무치(厚顔無恥)라고 한다. 이는 낯가죽이 두꺼워 부끄러운 줄 모르는 사람을 가리킬 때 사용하는 말이다.

옛날 하(夏)나라 계(啓) 임금의 아들인 태강(太康)은 정치를 돌보지 않고 사냥만 하다가 끝내 나라를 빼앗기고 쫓겨나게 되었다. 그의 다섯 형제는 나라를 망친 형을 원망하며 번갈아 가면서 노래를 불렀다고 한다.

그 중 막내 동생이 불렀다고 하는 노래에서 "만백성들은 우리를 원수라 하니, 우린 장차 누굴 의지할꼬. 답답하고 섧도다. 이 마음, 낯이 뜨거워지고 부끄러워지누나."라는 대목이 있는데, 여기에서 후안(두터운 얼굴가죽)이라는 말이 나온다. 우리말에도 '얼굴이 두껍다.'라는 표현이 있으며, 속담에도 '벼룩도 낯짝이 있다.'라는 말이 있다.

'후안무치'는 낯가죽이 두꺼워 부끄러워할 줄 모르는 것을 뜻하며, 뻔뻔스럽고, 망설임 없이 잘못된 행동을 하는 사람을 비판적으로 표현할 때 사용한다.

276

厚顔無恥 뻔뻔스럽고 부끄러움을 모름

厚 : 두터울 후, 9획 ——————————————————— 부수 : 厂

厂(기슭 엄)과 曰(가로 왈), 子(아들 자)가 합하여 이루어진 모습으로, 절구통의 두께가 매우 두껍다는 의미에서 '두텁다'나 '후하다'라는 뜻을 가진 글자가 되었다.

顔 : 얼굴 안, 낯 안, 18획 ——————————————————— 부수 : 頁

彦(선비 언)과 頁(머리 혈)이 합하여 이루어진 모습으로 '낯'이나 '얼굴', '표정'을 뜻하는 글자이다. 얼굴 전반의 '표정'과 '면목' 등의 의미로 사용된다.

無 : 없을 무, 12획 ——————————————————— 부수 : 灬

'없다'나 '아니다', '~하지 않다'라는 뜻을 가진 글자로, 사람이 소꼬리를 들고 춤추는 모양에 없어서는 안 될 일로 인해 '없다'는 의미로 생성되었다.

恥 : 부끄러워할 치, 부끄러울 치, 10획 ——————————————— 부수 : 心

耳(귀 이)와 心(마음 심)이 합하여 이루어진 모습으로, 마음속으로 부끄러움을 느낀다는 의미에서 '부끄러워하다'나 '부끄럽게 여기다'라는 뜻을 가진 글자다.

후안무치 이렇게 표현하자

"정치인들의 '후안무치'한 발언으로 인해 국민의 불만을 샀다."

MEMO

읽다 보면 똑똑해지는
고사성어 134

초판 1쇄 펴낸날 2024년 7월 31일

지은이 김한수
펴낸이 이종근
펴낸곳 도서출판 하늘아래

주소 경기도 고양시 일산동구 하늘마을로 57- 9 3층 302호
전화 (031) 976-3531
팩스 (031) 976-3530
이메일 haneulbook@naver.com
등록번호 제300-2006-23호

ISBN 979-11-5997-100-6 (43700)